经济管理国家级实验教学示范中心（嘉兴学院） 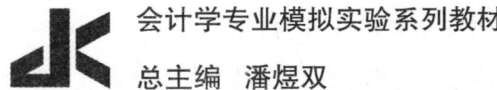 会计学专业模拟实验系列教材

国家特色专业　浙江省新兴特色专业　　　　总主编　潘煜双

成本会计学
模拟实验教程

（第二版）

潘煜双　马晨明　胡桂兰／编著

图书在版编目(CIP)数据

成本会计学模拟实验教程 / 潘煜双，马晨明，胡桂兰编著. —2版. —上海：立信会计出版社，2018.8
会计学专业模拟实验系列教材
ISBN 978-7-5429-5899-0

Ⅰ.①成… Ⅱ.①潘…②马…③胡… Ⅲ.①成本会计—教材 Ⅳ.①F234.2

中国版本图书馆CIP数据核字(2018)第181093号

策划编辑　　余　榕
责任编辑　　余　榕

成本会计学模拟实验教程(第二版)

出版发行	立信会计出版社			
地　　址	上海市中山西路2230号	邮政编码	200235	
电　　话	(021)64411389	传　　真	(021)64411325	
网　　址	www.lixinaph.com	电子邮箱	lxaph@sh163.net	
网上书店	www.shlx.net	电　　话	(021)64411071	
经　　销	各地新华书店			
印　　刷	常熟市梅李印刷有限公司			
开　　本	787毫米×1092毫米	1/16		
印　　张	6.75			
字　　数	158千字			
版　　次	2018年8月第2版			
印　　次	2018年8月第1次			
印　　数	1—3100			
书　　号	ISBN 978-7-5429-5899-0/F			
定　　价	29.00元			

如有印订差错，请与本社联系调换

总　　序

　　20世纪90年代中后期以来,随着我国社会主义市场经济的快速发展,与之相关联的会计专业人才的市场需求不断扩大,各高校会计学专业招生人数也不断扩大。但是,与之俱来的问题是会计人才的动手能力还不能满足企事业单位的要求。会计学专业是实践性很强的专业,特别是地方高校的会计学专业毕业生就业面向实务,用人单位希望毕业生有比较强的动手能力。然而,现在与过去相比,面临的难题是,过去学生学习由学校通过企业或行业主管部门统一安排,接收毕业生的实习是企业的一项任务,实习单位无论在规模上或层次上都能满足实践教学的需求。但是,现在的毕业生实习都是松散型的,学校也不可能像以前那样将学生统一安排到固定的企业实习。在此背景下,各高校开始自己建立实验室,自编实验教材,安排学生进行会计模拟实验。嘉兴学院的这套"会计学专业模拟实验系列教材"先在校内经过多轮的试用,体系和内容已较成熟,后自2006年开始在立信会计出版社陆续出版。迄今为止,已出版的教材有《初级会计学模拟实验教程》《中级财务会计学模拟实验教程》《成本会计学模拟实验教程》和《会计综合模拟实验教程》4本,《会计信息系统模拟实验教程》和《税务会计模拟实验教程》也将于近期出版。至此,这套"会计学专业模拟实验系列教材"的体系更加完整,内容更加全面,涵盖了会计学专业的核心课程。其中,《初级会计学模拟实验教程》荣获"华东地区大学出版社第八届优秀教材学术专著二等奖",有关实践教学课题的研究有3项课题获得学校教学成果一等奖。

　　本套教材总体架构是按照嘉兴学院商学院院长、国家特色专业(会计学)建设点负责人潘煜双教授提出的"点""线""面"实践教学法的要求设计的。"点"是针对具体课程的具体教学内容开展单项实验,帮助学生理解概念和消化课堂内容,掌握专项技能。"线"是针对某一课程的内容进行系统的综合实验,培养学生独立处理会计业务的能力。"面"是专业的综合训练,具体包括:①专业综合实验,以一个特定企业为例,选择设计1个月的业务,要求学生独立完成一个会计循环的全部会计工作,培养学生的会计政策选择、职业判断等综合业务能力。②ERP实训,全面提高会计管理能力及沟通、协作能力。③专业实习、毕业实习,提高学生的观察能力、适应能力及分析、解决问题的能力。④学年论文、毕业论文的撰写,提高学生理论水平及专业研究能力。⑤学科竞赛,财会信息化竞赛、挑战杯创业设计大赛、大学生研究训练计划(SRT)等,提高学生对知识的融会贯通及应用能力,全面提高学生的综合素质。

近年来,本套教材历经多次改版和重印,说明其深受读者的欢迎,本次的修订和补充广泛吸纳相关用书单位的意见,特别是使用本套教材的专业老师的意见,并结合现行的企业会计准则、制度等对原有内容进行了修改和完善;将原有章节安排的教学内容改为以实验项目设计的教学内容,更进一步突出实践教学的特点和"点、线、面"实验教学法的要求;增设必做实验项目和选做实验项目,以适应不同专业、不同层次的需要。通过本次的修订和补充,旨在使本套教材的特点更加明显。

按照"点、线、面"教学法设计的本套教材的框架科学合理,符合实践认知规律。"点"的实践教学主要是训练学生应用某一点或某一会计基本理论和基本知识的能力,培养某一专项基本技能;"线"的实践教学主要是训练学生综合应用某一课程所涉及的基本理论和基本知识的能力,培养该课程要求达到的综合应用能力和基本技能;"面"的实践教学主要是训练学生对知识的融会贯通,培养学生的会计政策选择、职业判断等综合业务能力,以实现专业培养目标的要求。本套教材实验资料真实,具有高度仿真性。实验所用资料是企业实际发生的经济业务,实验所用的各种账册、发票、票据、结算凭证等与实际工作完全相同。学生按照会计工作岗位进行模拟情境实验就如同在企业进行会计处理,真实感较强。

本套教材还体现了专业实验教学不断线的特点。对于"会计学原理""中级财务会计""成本会计""电算化会计""税务会计"等课程均配有一定的实验课时,并在课程实验基础上,设计了系统的实验课程——"会计综合实验"。

本套教材还配有与实验相关的附录,如《初级会计学模拟实验教程》《中级财务会计模拟实验教程》《成本会计学模拟实验教程》和《会计综合模拟实验教程》均配有"实验教学项目卡""实验中学生常见问题的解答""实验评分标准""实验结果验收记录表""实验过程控制记录表""实验报告格式及写作要求"和"实验思考题"等,便于老师指导和学生自学。

本套教材适用于高等院校会计学、财务管理、审计等专业,其他经管类专业也可以根据需要选用本套教材内的相关实验教材。

编　者

2018 年 8 月

第二版前言

自 2011 年 3 月出版以来,《成本会计学模拟实验教程》一书在会计学等专业的实践教学中已使用 7 个年头了,得到了诸多院校师生和实务工作者的认可。

本次改版是在第一版的基础上,结合我国最新企业产品成本核算制度与规范,并吸纳教学和实务工作者对第一版教材在使用过程中的反馈意见,对原有内容的相关部分进行修改、完善、补充和提高。

在内容上,本次改版修订和完善了相关内容,明确了成本核算业务内容与处理技术之间的关系,突出了各实验项目之间层次与递进关系,使整个实验内容在整体上相互衔接,构成一个较为完整的成本核算方法体系。另外,为提高学生的实验效果,本书增加了"实验中学生常见问题的解答",供学生在实验中作参考;为规范实验教学,加强实验过程控制和实验成绩考核,本书还配备了"实验大纲""实验课时分配表""实验教学项目卡""实验评分标准""实验结果验收记录表""实验过程控制记录表""实验报告格式及写作要求""实验思考题"等内容,以更适合各院校师生在教学、实验中使用。

编　者
2018 年 8 月

前　言

　　为巩固"成本会计学"课程的课堂理论教学成果,掌握成本会计核算的基本操作流程与账务处理程序,设计此实验操作资料。"成本会计学"是一门实务性和操作性强的课程,其内容在操作程序和技术处理方面具有结构稳定、技术方法规范的特点。本模拟实验资料的设计,就是通过一个基本的成本会计工作流程的展示与操作,使学生对"成本会计学"课程的基本理论、业务内容、核算程序、技术处理等各方面,有一个系统、明晰的理解和把握,以便为掌握和处理较为复杂的成本会计业务打好基础。

　　在操作中,读者应该注意体会以下几个方面的内容：

　　(1) 成本会计工作的基本业务内容。

　　(2) 成本会计核算工作的基本程序。

　　(3) 成本会计操作的规范化要求。

　　(4) 成本会计核算中应用的主要处理技术与方法。

　　(5) 成本核算资料的利用与分析。

　　本书由潘煜双负责统筹,胡桂兰负责技术思路设计,马晨明负责资料组织。邓朝晖、蒋雪清对本书的编写给予了可贵的帮助和支持,在此一并致谢。

　　限于编者水平,错谬之处在所难免,敬请读者批评指正,以便下次重印时改正提高。

编　者

2011 年 3 月

目　　录

实验大纲 ··· 1

实验课时分配表 ··· 3

实验项目1　成本会计核算基本程序实验 ··· 4
　　实验项目1-1　实验企业成本核算工作的组织 ······································· 4
　　实验项目1-2　实验企业相关成本核算资料 ·· 4
　　实验项目1-3　实验操作程序及要求 ·· 33

实验项目2　成本会计核算专项技术实验 ··· 37
　　实验项目2-1　辅助生产费用分配实验 ·· 37
　　实验项目2-2　分步法及完工、在产品费用归集分配实验 ····················· 41
　　实验项目2-3　作业成本法费用分配实验 ··· 45
　　实验项目2-4　标准成本法实验 ·· 48
　　实验项目2-5　产品成本核算程序、技术应用案例分析 ························ 49
　　　案例1　大量大批生产型企业案例 ·· 49
　　　案例2　大量分批生产型企业案例 ·· 51
　　　案例3　多步式小型生产企业案例 ·· 51
　　　案例4　单步式小型生产企业案例 ·· 52
　　　案例5　大量大批多步式生产型企业案例 ·· 53

实验项目3　成本报表编制与分析实验 ·· 55
　　实验项目3-1　实验企业有关成本资料 ·· 55
　　实验项目3-2　实验操作要求 ··· 61

实验参考答案 ··· 62
附录1　实验教学项目卡 ·· 75
附录2　实验中学生常见问题的解答 ·· 77

附录3　实验评分标准 ………………………………………………………… 80
附录4　实验结果验收记录表 ………………………………………………… 82
附录5　实验过程控制记录表 ………………………………………………… 83
附录6　实验报告格式及写作要求 …………………………………………… 84
附录7　实验思考题 …………………………………………………………… 88
附录8　企业产品成本核算制度(试行) ……………………………………… 89

实 验 大 纲

一、总则

1. 适用范围

(1) 本大纲相关的课程名称及课程属性:成本会计学,属学科专业课程。
(2) 本大纲的适用范围:会计学专业。
(3) 实验总学时:16学时。
(4) 学分:0.5。

2. 实验目的和要求

通过对本模拟实验教程的操作,学生对所学成本会计知识的认识与理解有所加深,并结合对成本会计相关资料与经济业务分析,运用课堂教学的理论知识掌握成本会计核算的一般业务流程、核算技术的应用条件与操作方法、成本核算专项技术的特点与适用条件;掌握成本会计报表的编制与报表信息分析方法,培养动手能力,巩固理论教学成果。学生应在规定的时间内独立完成实验任务,并撰写实验报告。

3. 本实验的重点内容

(1) 成本会计基本核算程序与技术的应用。
(2) 成本会计基本业务内容的分析与核算方法。
(3) 成本会计报表的构成与编制方法。
(4) 成本会计报表信息的利用与分析方法。

4. 本实验所需的实验设备与资料

会计手工实验场地、设备和相关配套所用的实验资料。

二、实验项目及学时安排

1. 实验项目1:成本会计核算基本程序实验

(1) 实验类型:综合性实验。
(2) 实验开设属性:必开实验。
(3) 学时数:5学时。
(4) 实验目的:了解企业成本会计核算的组织方式与程序;掌握成本核算基础资料的来源与使用方式、成本核算基本核算过程、成本核算技术方法的应用。
(5) 实验要求:理解和掌握核算资料在成本核算过程中的处理方法、成本核算对象的确定与生产组织方式的关系;结合相关经济业务的分析处理,掌握成本核算技术在核算过程各环节的应用方法。

2. 实验项目2:成本会计核算专项技术实验

(1) 实验类型:综合性实验。

(2) 实验开设属性:必开实验。

(3) 学时数:5 学时。

(4) 实验目的:了解各种成本核算方法的特点;熟悉各种成本核算专项技术的应用条件、掌握专项技术的操作方法。

(5) 实验要求:掌握生产组织方式与成本核算对象确定之间的关系、各种成本核算方法的适用条件及特点;掌握费用分配的原则与操作技术。

3. 实验项目3:成本报表编制与分析实验

(1) 实验类型:综合性实验。

(2) 实验开设属性:必开实验。

(3) 学时数:4 学时。

(4) 实验目的:了解成本会计报表的组成与编制原则;熟悉成本会计报表编制资料及应用;掌握成本会计报表的结构与编制方法、结合报表信息分析;掌握成本会计信息的应用。

(5) 实验要求:掌握成本会计报表的基本内容与编制方法、成本会计报表信息分析的基本方法;利用相关分析结果对企业的生产经营状况作出相关的评价。

实验课时分配表

序号	实验项目名称	实验内容(子目)	实验学时 课内	实验学时 课外	必做/选做	实验地点
1	实验项目1 成本会计核算基本程序实验		5	6		实验室或教室
2	实验项目1—1	成本核算基本流程	1		必做	实验室或教室
3	实验项目1—2	成本核算资料分析与业务处理	1	2	必做	实验室或教室
4	实验项目1—3	成本核算相关账户的开设与登记	3	4	必做	实验室或教室
5	实验项目2 成本会计核算专项技术实验		5	7		
6	实验项目2—1	费用分配实验	1	2	必做	实验室或教室
7	实验项目2—2	成本还原实验	1	1	必做	实验室或教室
8	实验项目2—3	作业成本实验	2	2	必做	实验室或教室
9	实验项目2—4	标准成本实验	1	2	必做	实验室或教室
10	实验项目3 成本报表编制与分析实验		4	8		
11	实验项目3—1	产品生产成本表	1	2	必做	实验室或教室
12	实验项目3—2	主要产品单位成本表	1	2	必做	实验室或教室
13	实验项目3—3	相关费用分析表	2	4	必做	实验室或教室
	合 计		14	21		

注:①实验项目1,可结合教学条件或要求,由学生独立完成,或采用分组方式完成。②实验课时安排不足时,可以选择性完成相关实验项目。建议优先安排实验项目1、实验项目3及对应的实验报告撰写。

执笔人: 审核人:

参与讨论人员: 年 月 日

实验项目 1　成本会计核算基本程序实验

实验项目 1-1　实验企业成本核算工作的组织

一、企业概况

平湖电动工具厂设有一个基本生产车间,大量生产 GCO15-4 型切割机、GKS201 型电圆锯两种产品,其生产工艺过程为单步骤生产。该厂设有机修和动力两个辅助生产车间,为各部门提供相关服务。

二、成本计算方法和成本项目设置

根据生产特点和管理要求,该厂采用品种法核算 GCO15-4 型切割机和 GKS201 型电圆锯的生产成本。其成本项目设置为"直接材料""直接人工""机修和动力"和"制造费用"。

三、账户设置

1. "基本生产成本"账户

基本生产车间开设"基本生产成本"账户,在其下按产品品种分设"GCO15-4 型切割机"和"GKS201 型电圆锯"两个明细账户,核算 GCO15-4 型切割机和 GKS201 型电圆锯的生产成本。

2. "辅助生产成本"账户

辅助生产车间开设"辅助生产成本"账户,在其下按提供劳务的项目开设"机修"和"动力"两个明细账户,核算提供劳务的成本。辅助生产车间不开设"制造费用"账户。

3. "制造费用"账户

基本生产车间开设"制造费用"账户,核算基本生产车间发生的间接性费用。

4. "管理费用"账户

该厂另开设"管理费用"账户,核算其相关的期间费用。

该厂的产品成本核算流程示意图见图 1-1。

实验项目 1-2　实验企业相关成本核算资料

平湖电动工具厂 2018 年 8 月的相关成本核算资料如下。

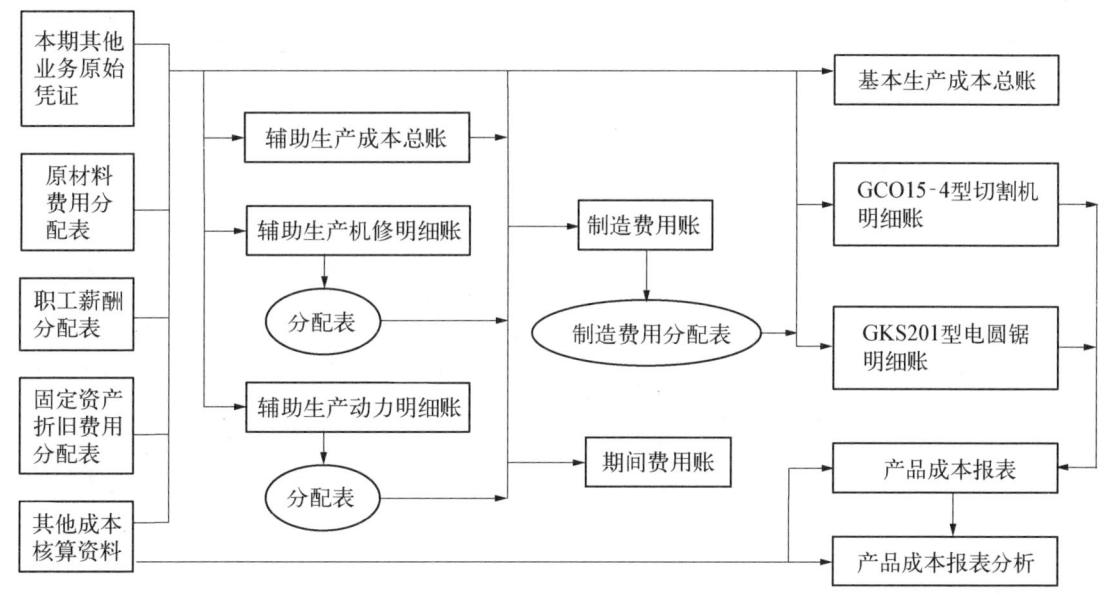

图 1-1 产品成本核算流程示意图

一、期初产品成本核算的相关资料

期初产品成本核算的相关资料见表 1-1 至表 1-5。

表 1-1　　　　　　　　　　　单位产品成本定额资料

2018 年 08 月　　　　　　　　　　　　　　　　单位：元

品　　种	实际工时	直接材料	直接人工	机修和动力	制造费用	金额合计
GCO15-4 型切割机	8	590	70	55	48	763
GKS201 型电圆锯	10	614	88	53	61	816

表 1-2　　　　　期末 GKS201 型电圆锯在产品单位定额资料

2018 年 08 月　　　　　　　　　　　　　　金额单位：元

在产品名称	原材料定额费用	定额工时（小时）	直接人工	机修和动力	制造费用
GKS201 型电圆锯	614	5	8.8 元/小时	5.3 元/小时	6.1 元/小时

表 1-3　　　　　　　　　　　期初在产品成本

2018 年 08 月　　　　　　　　　　　　　　　　单位：元

品　　种	直接材料	直接人工	机修和动力	制造费用	合　　计
GCO15-4 型切割机	11 920	710	520	500	13 650
GKS201 型电圆锯	6 140	440	265	305	7 150
合　　计	18 060	1 150	785	805	20 800

表 1-4

产品数量资料

2018 年 08 月   单位：台

品　　种	期初在产品数量	本期投产量	本期完工数量	期末在产品数量	本期计划产量
GCO15-4 型切割机	20	500	510	10	500
GKS201 型电圆锯	10	600	590	20	600

表 1-5

产品生产工时资料

2018 年 08 月   单位：小时

品　　种	本期产品计划生产工时	本期实际生产工时
GCO15-4 型切割机	4 000	4 200
GKS201 型电圆锯	6 000	5 900
合　　计	10 000	10 100

二、本期相关费用资料

业务 1　购入办公用品。相关资料见表 1-6 至表 1-9。

表 1-6

浙江省增值税专用发票

No 01019258

3300084140

抵　扣　联

开票日期：2018 年 08 月 16 日

购买方	名　　称：平湖电动工具厂 纳税人识别码：330411771900331 地　址、电　话：平湖市江泾镇腾云村 0573-85575524 开户行及账号：平湖工商银行八支行 334607000018170000490	密码区	7307/0<20*7983536>295 5->3*2>>+/07>95774> *9 加密版本：01 <1*26118+7+<8-576678> 3300084140 /3623+/1*647*5++5>>39 01019258

货物或应税劳务、服务名称	规格型号	单位	数量	单价	金　额	税率	税　额
办公用品 （详见销货清单）					9 000.00	16%	1 440.00
合　　计					￥9 000.00		￥1 440.00

价税合计（大写）	⊗壹万零肆佰肆拾圆整	（小写）￥10 440.00

销售方	名　　称：平湖蓝天文化用品有限责任公司 纳税人识别码：330401740545380 地　址、电　话：平湖市长秀北路 1314-1316 号 0573-82112388 开户行及账号：平湖交行开发区支行 334604000018000138663	备注	

收款人：　　　　　　复核：　　　　　　开票人：刘畅　　　　　　销售方：（章）

注：销货清单略。

表1-7

浙江省增值税专用发票

3300084140　　　　　　　　　　　　　　　　　　　　　　　No 01019258

发 票 联　　　　　　开票日期：2018 年 08 月 16 日

购买方	名　　称：平湖电动工具厂 纳税人识别码：330411771900331 地址、电话：平湖市江泾镇腾云村 0573-85575524 开户行及账号：平湖工商银行八支行 334607000018170000490	密码区	7307/0＜20＊7983536＞295 5-＞3＊2＞＞+/07＞95774＞ ＊9　加密版本：01 ＜1＊26118+7+＜8-576678＞ 3300084140 /3623+/1＊647＊5++5＞＞39 01019258

货物或应税劳务、服务名称	规格型号	单位	数量	单价	金额	税率	税额
办公用品（详见销货清单）					9 000.00	16%	1 440.00
合　　计					￥9 000.00		￥1 440.00

价税合计（大写）	⊗壹万零肆佰肆拾圆整	（小写）￥10 440.00

销售方	名　　称：平湖蓝天文化用品有限责任公司 纳税人识别码：330401740545380 地址、电话：平湖市长秀北路 1314-1316 号 0573-82112388 开户行及账号：平湖交行开发区支行 334604000018000138663	备注	（平湖蓝天文化用品有限责任公司 330401740545380 发票专用章）

收款人：　　　　复核：　　　　开票人：刘畅　　　　销售方：（章）

注：销货清单略。

表1-8

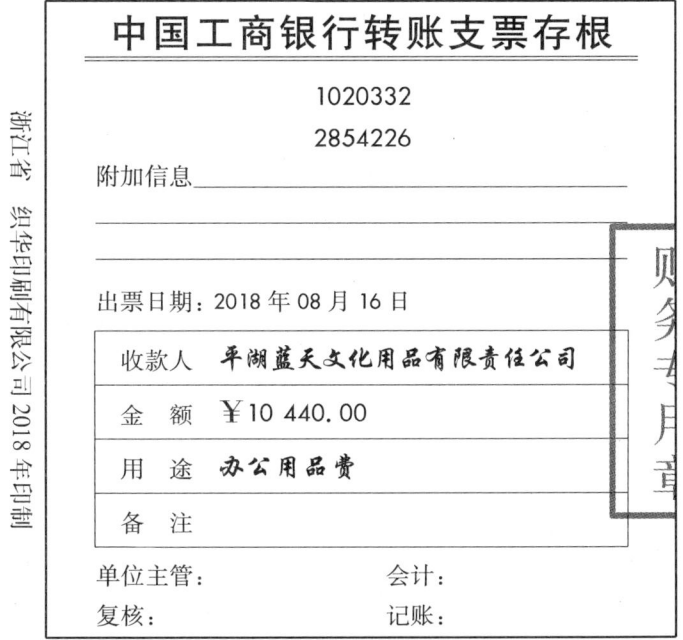

中国工商银行转账支票存根

1020332
2854226

附加信息_____

出票日期：2018 年 08 月 16 日

收款人	平湖蓝天文化用品有限责任公司
金　额	￥10 440.00
用　途	办公用品费
备　注	

单位主管：　　　　会计：
复核：　　　　　　记账：

表1-9

办公用品费用分配表

2018年08月16日　　　　　　　　　　　　　　　　　单位：元

部　门	金　额	备　注
动力车间	500	
机修车间	200	
基本生产车间	700	
管理部门	7 600	
合　计	9 000	

主管：　　　　　　　　审核：　　　　　　　　制表：

业务2　报销差旅费。相关资料见表1-10至表1-12。

表1-10

平湖电动工具厂费用报销单

2018年08月20日　　　　　　　　　　　　　　　№ 0011365

住宿、交通费、差旅、其他差旅费				业务餐费、交际应酬费			
日　期	摘　要	金　额	单据数量	日　期	业务内容	金　额	单据数量
08月20日		357.00	陆（略）	08月20日		603.00	肆（略）
小　计		357.00		小　计		603.00	
合　计		￥960.00		费用总额（人民币大写）：玖佰陆拾圆整			

报销人：蒋大河　　　部门经理：王　晓　　　财务经理：陈　松　批准。

表1-11

平湖电动工具厂借款单

2018年07月30日　　　　　　　　　　　　　　　编号：0371

工作部门	供销科	职　务	业务员	姓　名	蒋大河
借款金额	金额大写：壹仟圆整	十 万 千 百 十 元 角 分　　　　　　　¥ 1 0 0 0 0 0				
借款原因：出差旅费					
还款日期	返回后一周内报账				
批　核	同意。　厂长：刘星	本联借款人留存，供报销时销账			

第三联 报销联

表 1-12

收　据

2018 年 08 月 20 日　　　　　　　　　　　　　　　　第 074 号

今收到：			
人民币（大写）：		小写金额：	
事　　由：		现　金	
		支　票　　第　号	
收款单位		收款人	

第三联　收据

业务 3　支付本期电费（接开户银行通知，已由存款户代扣本月电费）。相关资料见表 1-13 至表 1-15。

表 1-13

"一户通"系统同城特约委托收款凭证（付款通知）　2

编号：0195635

付款日期　2018 年 08 月 30 日

收款人	全　称	平湖市电力公司	付款人	全　称	平湖电动工具厂
	账　号	334607000018170000490		账　号	1204060029221015417
	开户银行	工商银行平湖 8 支行		开户银行	平湖工行
金额	人民币（大写）	肆万叁仟贰佰玖拾圆整		人民币（小写）	￥43 290.00
款项内容	电费　计量对象代码：1510488281 年月：201004　　　批次：0 户号　1510488281　电量　5 958.132 地址 1　　江泾镇　　其中违约金 地址 2　　腾云村　　备注 1 平湖电动工具厂 备注 2　　　　　　　备注 3			凭证号码　　15104882 付款人开户银行签章： 2018 年 08 月 30 日 平湖工商银行 八支行 2018.08.30 转讫	

此联付款人开户银行给付款人的付款通知

注：先通过"辅助生产成本——动力车间"账户归集。

表 1-14

浙江省增值税专用发票

抵 扣 联

3300084140
No 12008744
开票日期：2018 年 08 月 31 日

购买方	名　称：平湖电动工具厂 纳税人识别号：330411771900331 地址、电话：平湖市江泾镇腾云村 0573-85575524 开户行及账号：平湖工商银行8支行 3346070000181700000490	密码区	7307/0＜20＊7983536＞295 5-＞3＊2＞＞+/07＞95774＞ ＊9 加密版本：01 ＜1＊26118+7+＜8-576678＞ 3300084140 /3623+/1＊647＊5++5＞＞39 12008744

货物或应税劳务、服务名称	规格型号	单位	数量	单价	金　额	税率	税　额
工业用电		千瓦时	5 958.132	0.621	37 000.00	16%	5 920.00
合　计					¥37 000.00		¥5 920.00

价税合计（大写）	⊗肆万贰仟玖佰贰拾圆整	（小写）¥42 920.00

销售方	名　称：平湖电力公司 纳税人识别号：330401745622781 地址、电话：平湖市工业园纬三路88号 0573-86573321 开户行及账号：平湖建设银行开发区支行 33460400001633000214	备注	（平湖电力公司发票专用章 330401745622781）

收款人：　　　复核：　　　开票人：魏新生　　　销售方：（章）

表 1-15

浙江省增值税专用发票

发 票 联

3300084140
No 12008744
开票日期：2018 年 08 月 31 日

购买方	名　称：平湖电动工具厂 纳税人识别号：330411771900331 地址、电话：平湖市江泾镇腾云村 0573-85575524 开户行及账号：平湖工商银行8支行 3346070000181700000490	密码区	7307/0＜20＊7983536＞295 5-＞3＊2＞＞+/07＞95774＞ ＊9 加密版本：01 ＜1＊26118+7+＜8-576678＞ 3300084140 /3623+/1＊647＊5++5＞＞39 12008744

货物或应税劳务、服务名称	规格型号	单位	数量	单价	金　额	税率	税　额
工业用电		千瓦时	5 958.132	0.621	37 000.00	16%	5 920.00
合　计					¥37 000.00		¥5 920.00

价税合计（大写）	⊗肆万贰仟玖佰玖拾圆整	（小写）¥42 920.00

销售方	名　称：平湖电力公司 纳税人识别号：330401745622781 地址、电话：平湖市工业园纬三路88号 0573-86573321 开户行及账号：平湖建设银行开发区支行 33460400001633000214	备注	（平湖电力公司发票专用章 330401745622781）

收款人：　　　复核：　　　开票人：魏新生　　　销售方：（章）

业务 4 支付本期水费。相关资料见表 1-16 至表 1-19。

表 1-16

浙江省增值税专用发票
抵 扣 联

No 00685912

3300084140

开票日期：2018 年 08 月 31 日

购买方	名　称：平湖电动工具厂 纳税人识别码：330411771900331 地址、电话：平湖市江泾镇腾云村　0573-85575524 开户行及账号：平湖工商银行八支行 334607000018170000490	密码区	7307/0<20*7983536>295 5->3*2>>+/07>95774> *9　加密版本：01 <1*26118+7+<8-576678> 3300084140 /3623+/1*647*5++5>>39 00685912

货物或应税劳务、服务名称	规格型号	单位	数量	单价	金额	税率	税额
企业用水		吨	1 230	3.902 439 0	4 800.00	6%	288.00
合　计					￥4 800.00		￥288.00

价税合计（大写）	⊗伍仟零捌拾捌圆整	（小写）￥5 088.00

销售方	名　称：平湖自来水公司 纳税人识别码：330411725890521 地址、电话：平湖市江泾镇　0573-83744344 开户行及账号：浙江省禾城农村合作银行江泾支行 201000003188339	备注	（平湖自来水公司发票专用章）

收款人：　　　　复核：　　　　开票人：张惠民　　　　销售方：（章）

表 1-17

浙江省增值税专用发票
发 票 联

No 00685912

3300084140

开票日期：2018 年 08 月 31 日

购买方	名　称：平湖电动工具厂 纳税人识别码：330411771900331 地址、电话：平湖市江泾镇腾云村　0573-85575524 开户行及账号：平湖工商银行8支行 334607000018170000490	密码区	7307/0<20*7983536>295 5->3*2>>+/07>95774> *9　加密版本：01 <1*26118+7+<8-576678> 3300084140 /3623+/1*647*5++5>>39 00685912

货物或应税劳务、服务名称	规格型号	单位	数量	单价	金额	税率	税额
企业用水		吨	1 230	3.902 439 0	4 800.00	6%	288.00
合　计					￥4 800.00		￥288.00

价税合计（大写）	⊗伍仟零捌拾捌圆整	（小写）￥5 088.00

销售方	名　称：平湖自来水公司 纳税人识别码：330411725890521 地址、电话：平湖市江泾镇　0573-83744344 开户行及账号：浙江省禾城农村合作银行江泾支行 201000003188339	备注	（平湖自来水公司发票专用章）

收款人：　　　　复核：　　　　开票人：张惠民　　　　销售方：（章）

表 1-18

表 1-19

水费分配表

2018 年 08 月 31 日　　　　　　　　　　　　　　　　　　金额单位：元

部　门	耗用量（吨）	单价（元）	金　额	备　注
动力车间	153.75		600.00	
机修车间	102.50		400.00	
基本生产车间	896.88		3 500.00	
管理部门	76.87		300.00	
合　计	1 230.00	3.902 439 0	4 800.00	

主管：　　　　　　　　　　　　审核：　　　　　　　　　　　　制表：

业务5 支付财产保险费。相关资料见表1-20和表1-21。

表1-20

中国太平洋财产保险股份有限公司
CHINA PACIFIC PROPERTY INSURANCE CO. LTD.
保险业专用发票
INSURANCE TRADE INVOICE

开票日期 2018-08-31　　　　　　　　　　发票代码 0233000834061
Date of Issue　　　　　　　　　　　　　　发票号码 00254126

付款人：平湖电动工具厂
Payer

承保险种：财产保险————一切险
Coverage

保险单号：AHAZ45007008Q000044P　　批单号：无
Policy No.　　　　　　　　　　　　End No.

保险费金额（大写）：人民币贰仟叁佰圆整　　（小写）RMB2 300.00
Premium Amount(In Words)　　　　　　　　（In Figures）

代收车船税（小写）：　　　　　　　　滞纳金（小写）：
Vehicle & Vessel Tax(In Figures)　　Overdue Fine (In Figures)

合计（大写）：　　　　　　　　　　　（小写）RMB
Consist(In Words)　　　　　　　　　　（In Figures）

附注：
Remarks

保险公司名称：中国太平洋财产保险股份有限公司平湖分公司　　复核：　　经手人：金达
Insurance Company　　　　　　　　　　　　　　　　　　　Checked by　　Handler

保险公司签章：　　　　　　地址：平湖开发区经四路56号　　电话：0573-23387014
Stamped by Insurance Company　Add　　　　　　　　　　　Tel

保险公司纳税人识别码：330401736010666　　（手写无效）
Taxpayer Identification No.　　　　　　　Not Valid If In Hand Written

表1-21

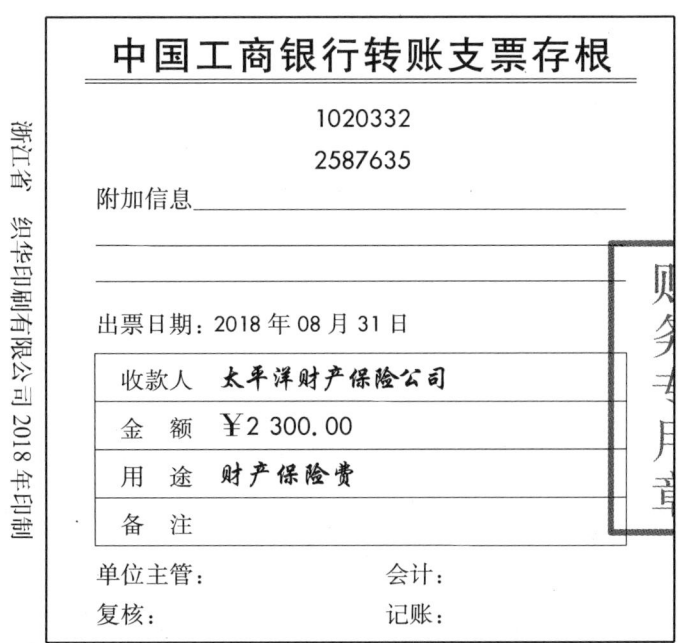

业务 6 分摊应由本期负担的相关费用。相关资料见表 1-22。

表 1-22

保险及环保支出分摊表

2018 年 08 月 31 日　　　　　　　　　　　　　　　　　金额单位：元

项　　目	实付金额	支付时间	分摊期	本期负担
保险费用	2 300	2018.04	4 个月	575
环保支出	12 000	2018.01	6 个月	2 000
合　　计	14 300			2 575

主管：　　　　　　　　　　审核：　　　　　　　　　　制表：

业务 7 分配原材料费用。相关资料见表 1-23。

表 1-23

原材料费用分配表

2018 年 08 月 31 日　　　　　　　　　　　　　　　　　单位：元

应借科目		主要材料	辅助材料	低值易耗品	合　计
总账科目	明细科目				
基本生产成本	GCO15-4 型切割机		49 000	—	
	GKS201 型电圆锯		70 000		
	小　计	546 000	119 000	—	665 000
辅助生产成本	机修车间	2 000	6 780	700	9 480
	动力车间	—	3 900	600	4 500
	小　计	2 000	10 680	1 300	13 980
制造费用	基本生产车间		4 700	19 000	23 700
管理费用			8 500	9 000	17 500
合　计		548 000	142 880	29 300	720 180

主管：　　　　　　　　　　审核：　　　　　　　　　　制表：

业务 8　结算并分配职工薪酬。相关资料见表 1-24 和表 1-28。

表 1-24

工资结算汇总表

2018 年 08 月 31 日　　　　　　　　　　　　　　　　　　　　　　　　　　单位：元

部门人员	基本工资	经常性奖金	津贴补贴	加班工资	应扣工资		应付工资	代发款项			代扣款项						小计	实发工资	签章
					病假	事假		卫生费	交通补贴		养老保险	医疗保险	失业保险	工伤保险	计划生育保险	住房公积金			
基本生产车间工人	60 880	6 849	5 327	3 044	16	134	75 950	200	300		48	21	19	15	7	60	170	76 280	
基本生产车间管理人员	6 960	702	609	429	—	20	8 680	40	50		23	14	6	5	1	19	68	8 702	
机修车间员工	6 485	720	523	129	30	6	7 821	30	62		20	10	6	5	1	13	55	7 858	
动力车间员工	10 323	1 147	1 015	418	20	4	12 879	60	108		17	12	8	5	2	17	61	12 986	
厂部管理人员	12 240	1 377	980	703	160	140	15 000	150	400		30	18	12	4	6	22	92	15 458	
合计	96 888	10 795	8 454	4 723	226	304	120 330	480	920		138	75	51	34	17	131	446	121 284	

主管：　　　　　　　　　　审核：　　　　　　　　　　制表：

表 1-25

工资支付专用凭证 (第三联：单位留底)

2018 年 08 月 31 日　　　　　　　　　　　　编号：AA018299

收款单位 (或收款人)名称	平湖电动工具厂职工 蒋大河等人	开　户 银行、账号	平湖工商银行8支行 334607000018170000490							
支付 金额	人民币(大写)：			十万	万	千	百	十	元	角	分
工资所属月份：　　本次职工人数： 1. 标准工资(基本工资)　　　　　元 2. 加班工资　　　　　　　　　　元 3. 津贴、补贴　　　　　　　　　元 4. 奖金　　　　　　　　　　　　元 5. 附加工资　　　　　　　　　　元 6. 副食品补贴　　　　　　　　　元 7. 本次支取的计划内临时工工资　元		备注	通过职工工资卡转账支付							

附：本月职工工资结算明细表(略)。

表 1-26

企业负担"五险一金"计算表

2018 年 08 月 31 日　　　　　　　　　　　　　　　　单位：元

部门人员	养老保险	医疗保险	失业保险	工伤保险	计划生育保险	住房公积金	合　计
基本生产车间工人	140	42	39	30	10	60	321
基本生产车间管理人员	66	31	12	9	2	19	139
机修车间员工	74	37	25	15	6	25	182
动力车间员工	49	24	16	11	4	17	121
厂部管理人员	92	36	24	8	12	22	194
合　计	421	170	116	73	34	143	957

主管：　　　　　　　　　　审核：　　　　　　　　　　制表：

表1-27

职工福利、教育、工会经费计算表

2018年08月31日　　　　　　　　　　　　　　　　　　单位：元

项　目	应付工资	职工福利费 （14%）	职工教育费 （1.5%）	工会经费 （2%）	合　计
基本生产车间工人	75 950	10 633.00	1 139.25	1 519.00	13 291.25
基本生产车间管理人员	8 680	1 215.20	130.20	173.60	1 519.00
机修车间员工	7 821	1 094.94	117.32	156.42	1 368.68
动力车间员工	12 879	1 803.06	193.19	257.58	2 253.83
企业管理人员	15 000	2 100.00	225.00	300.00	2 625.00
合　计	120 330	16 846.20	1 804.96	2 406.60	21 057.75

主管：　　　　　　　　　　　审核：　　　　　　　　　　　制表：

表1-28

职工薪酬费用分配表

2018年08月31日　　　　　　　　　　　　　　　　　　单位：元

应借科目		职工薪酬构成			合　计
总账科目	明细科目	应付工资	"五险一金"	福利、教育、工会费	
基本生产成本	GC015-4型切割机				
	GKS201型电圆锯				
	小　计	75 950	321	13 291.25	89 562.25
辅助生产成本	机修车间	7 821	182	1 368.68	9 371.68
	动力车间	12 879	121	2 253.83	15 253.83
	小　计	20 700	303	3 622.51	24 625.51
制造费用	基本生产车间	8 680	139	1 519.00	10 338.00
管理费用		15 000	194	2 625.00	17 819.00
合　计		120 330	957	21 057.75	142 344.76

主管：　　　　　　　　　　　审核：　　　　　　　　　　　制表：

业务9 计提固定资产折旧费用。相关资料见表1-29。

表1-29

固定资产折旧费用计算表

2018年08月31日　　　　　　　　　　　　　　　　　　　　　　　　单位：元

部门	固定资产项目	上 月 折旧额	上月增加固定资产 应提月折旧额	上月减少固定资产 应提月折旧额	本 月 折旧额
基本生产车间	厂 房	2 000	0	0	2 000
	设 备	4 000	2 000	1 000	5 000
	小 计	6 000	2 000	1 000	7 000
动力车间	厂 房	1 000	0	0	1 000
	设 备	2 100	0	40	2 060
	小 计	3 100	0	40	3 060
机修车间	厂 房	400	0	0	400
	设 备	250	300	150	400
	小 计	650	300	150	800
厂部	办公楼	1 100	0	0	1 100
	设 备	500	300	0	800
	小 计	1 600	300	0	1 900
合 计		11 350	2 600	1 190	12 760

主管：　　　　　　　　　审核：　　　　　　　　　制表：

业务10 分配辅助生产成本。相关资料见表1-30。

表1-30

辅助生产车间提供劳务数量通知单

2018年08月31日

耗 用 单 位		劳 务 项 目	
		机修（小时）	供电（千瓦时）
辅助生产车间	机修车间	—	6 000
	动力车间	100	—
基本生产车间	GC015-4型切割机	200	20 100
	GKS201型电圆锯	100	25 500
	一般耗用	500	4 800
企业管理部门耗用		100	3 600
合 计		1 000	60 000

主管：　　　　　　　　　审核：　　　　　　　　　制表：

实验项目1-3　实验操作程序及要求

一、开设相关账户

（1）"基本生产成本"总账（三栏式）及明细账（多栏式）。
（2）"辅助生产成本"总账（三栏式）及明细账（多栏式）。
（3）"制造费用"总账（三栏式）及明细账（多栏式）。
（4）"管理费用"总账（三栏式）及明细账（多栏式）。

二、过账

将"基本生产成本"账户的期初余额过入"基本生产成本"总账及明细账。

三、采用记账凭证记账程序处理本期业务

根据本期费用发生情况，作出相关账务处理（编制记账凭证），登记各相关总账、明细账。

其中：GCO15-4型切割机和GKS201型电圆锯所消耗的共同性材料，按本期产品投产数量分配；职工薪酬按本期产品所耗计划生产工时分配。

四、分配辅助生产费用

期末结出本期辅助生产成本，采用直接对外分配法，编制"辅助生产费用分配表"（见表1-31）。

五、编制记账凭证并登账

根据辅助生产费用分配表编制记账凭证，登记相关账户。

六、分配制造费用

期末，结出制造费用本期发生额，编制"制造费用分配表"（见表1-32），按GCO15-4型切割机和GKS201型电圆锯两种产品的职工薪酬进行分配。

根据"制造费用分配表"编制记账凭证，登记相关账户。

七、计算完工产品与在产品成本

根据"基本生产成本"账户计算本期完工产品与在产品成本。

其中：GCO15-4型切割机完工、在产品费用分配方式为原材料在生产开始时一次性投入，其他费用陆续发生，在产品完工程度按50%计算；GKS201型电圆锯完工、在产品费用分配方式为：在产品按定额成本计算，原材料费用按单位消耗定额计算，其他费用按在产品工时定额计算。相关资料见表1-1、表1-2和表1-3。

八、撰写实验报告

根据实验资料的操作和完成情况撰写实验报告。

注：本实验需另附三栏式、多栏式核算用账页、记账凭证等资料。

表1-31

辅助生产费用分配表（直接对外分配）

2018年08月31日　　　　　　　　　　　　　金额单位：元

项　目		机修车间			动力车间			金额合计
		劳务供应量（小时）	单位成本	分配金额	劳务供应量（度）	单位成本	分配金额	
	对外分配情况							
耗用部门	GCO15-4型切割机							
	GKS201型电圆锯							
	车间耗用							
	管理部门							
	合　计							

主管：　　　　　　　　　　审核：　　　　　　　　　　制表：

注：计算尾差调整管理费用。

表1-32

制造费用分配表

2018年08月31日　　　　　　　　　　　　　金额单位：元

分配对象（产品名称）	分配标准（职工薪酬）	分配率	分配金额
GCO15-4型切割机			
GKS201型电圆锯			
合　计			

主管：　　　　　　　　　　审核：　　　　　　　　　　制表：

实验项目 2 成本会计核算专项技术实验

不论企业的生产组织方式、产品生产工艺流程如何,从产品成本核算的技术角度来说,成本核算就是应用各种专门的技术方法将生产过程中发生的各种费用在产品生产的不同阶段、不同品种之间归集、分配、再归集、再分配的过程。在本书第一章的实验环节,对产品生产过程中所发生的费用种类,费用的形成方式,费用在各产品品种、部门之间的归集和分配方式等问题已有基本的展示和必要的操作演练。本章操作技术实验设计的目的,将主要结合产品生产工艺流程及各种费用对产品成本影响的特点,实验产品成本核算中的费用分配技术,以提高学生成本核算技术的应用能力。

实验项目 2-1 辅助生产费用分配实验

一、基本资料

(一) 辅助生产费用归集与分配流程示意图

辅助生产费用归集与分配流程示意图见图 2-1。

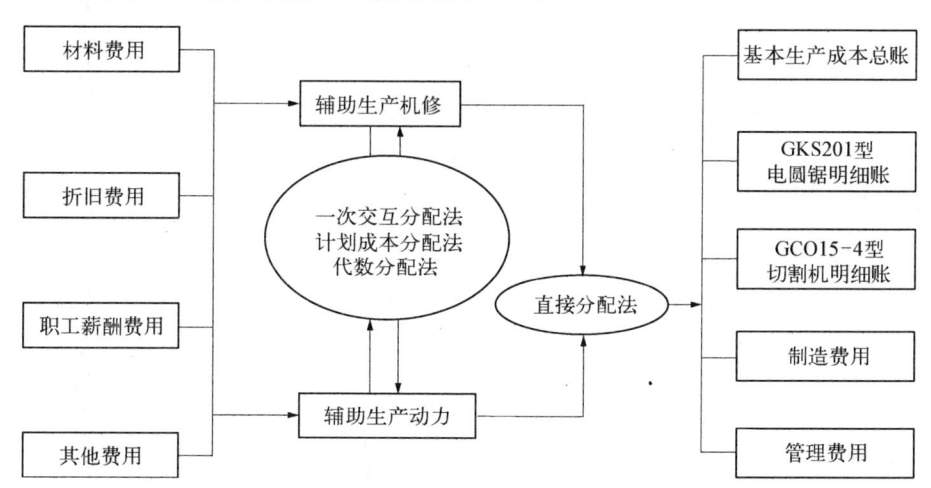

图 2-1 辅助生产费用归集与分配流程示意图

(二) 实验资料

本书第一章中所提供或完成的资料:

(1) 机修、动力车间辅助生产明细账。
(2) 各辅助生产车间提供的劳务量资料。
(3) 相关品种、部门消耗相关劳务量资料。

二、实验要求

(一) 采用一次交互分配法，完成辅助生产费用的分配

辅助生产费用分配表见表2-1。

表2-1

辅助生产费用分配表

平湖电动工具厂　　　　　　2018年08月31日　　　　　　金额单位：元

项　　目		机　修　车　间			动　力　车　间			合计
		耗用量（小时）	单位成本	分配金额	耗用量（千瓦时）	单位成本	分配金额	
待分配费用								
交互分配	辅助生产成本——机修车间							
	辅助生产成本——动力车间							
对外分配辅助生产费用								
对外分配	基本生产成本——GKS201型电圆锯							
	基本生产成本——GCO15-4型切割机							
	制造费用							
	管理费用							
	合　计							

主管：　　　　　　　审核：　　　　　　　制表：

注：分配率保留4位小数。

(二) 可以选用代数分配法、计划成本分配法进行分配

(1) 机修车间的计划成本为27.03元/小时，动力车间的计划成本为1.00元/千瓦时。
(2) 计算尾差调整管理费用。

实验项目 2-2　分步法及完工、在产品费用归集分配实验

一、基本资料

(一) 分步法费用结转流程示意图

1. 逐步综合结转分步法核算流程示意图

逐步综合结转分步法核算流程示意图见图 2-2。

图 2-2　逐步综合结转分步法核算流程示意图

2. 逐步分项结转分步法核算流程示意图

逐步分项结转分步法核算流程示意图见图 2-3。

第一步骤　第一车间成本明细账

费用项目	完工半成品成本	在产品成本	合　计
原材料费用	960	40	1 000
其他费用	140	60	200
合　　　计	1 100	100	1 200

半成品库　半成品明细账

费用项目	期初余额	本期增加	本期减少	期末余额
原材料费用	0	960	810	150
其他费用	0	140	90	50
合　　　计	0	1 100	900	200

第二步骤　第二车间成本明细账

费用项目	本期费用	上一步骤转入费用	合　计	产成品成本	在产品成本
原材料费用	0	810	810	760	50
其他费用	300	90	390	290	100
合　　　计	300	900	1 200	1 050	150

图 2-3　逐步分项结转分步法核算流程示意图

3. 平行结转分步法核算流程示意图

平行结转分步法核算流程示意图见图 2-4。

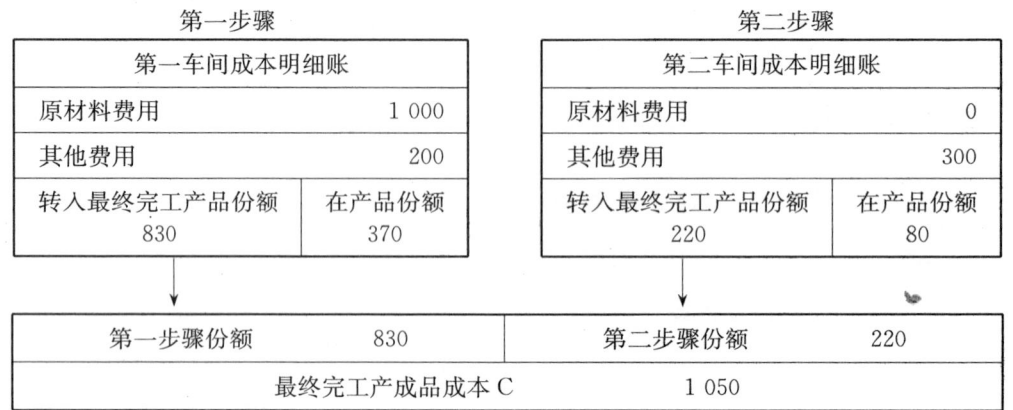

图 2-4　平行结转分步法核算流程示意图

(二) 实验资料

湘西机械设备有限公司生产 PH5-18 专用变速箱,生产过程分三个步骤进行:第一生产车间生产 BS-18 传动轴,经半成品库收发转入第二生产车间;第二车间生产 BX-18 主机,不经半成品库收发,直接转入第三生产车间;第三车间生产 PH5-18 变速箱完工产品。各车间、半成品库相关资料见表 2-2 至表 2-7。

表 2-2

月初在产品成本

2018 年 08 月　　　　　　　　　　　　　　　　　　　　单位:元

车间名称	原材料费用	自制半成品 BS-18	其他费用	合　计
第一车间	8 000			8 000
第二车间	5 000	7 900	1 050	13 950
第三车间	9 000	11 850	2 250	23 100
半成品库		19 500		19 500

主管:　　　　　　　　审核:　　　　　　　　制表:

表 2-3

产品产量记录

2018 年 08 月　　　　　　　　　　　　　　　　　　　　单位:件

车间名称	第一车间	第二车间	第三车间	半成品库
月初在产品	10	10	15	20
本月投入或上一步转入	1 000	1 000	980	990
本月完工(领用)	990	980	975	1 000
本月在产品	20	30	20	10

主管:　　　　　　　　审核:　　　　　　　　制表:

表2-4

第一步骤 BS-18 传动轴产品成本明细账

2018年08月　　　　　　　　　　　　　　　单位：元

摘要	直接材料费用	其他费用	合计
期初在产品成本			
本期费用	810 000	205 000	1 015 000
费用合计			
转出完工产品成本			
期末在产品成本			

主管：　　　　　　　　　　审核：　　　　　　　　　　制表：

注：原材料在生产开始时一次性投入，其他费用陆续发生，在产品只分摊材料费用。

表2-5

半成品 BS-18 传动轴明细账

类别：材料　　　　　　　2018年08月　　　　　　　金额单位：元

品种品名或规格：BS-18　　储备定额：200件　　　编号：020315　　存放地点：1号库房

2018年		凭证字号	摘要	收入			发出			结存		
月	日			数量	单价	金额	数量	单价	金额	数量	单价	金额
08	01		期初余额							20	975	19 500
08	31		合计及余额									

注：半成品 BS-18 按先进先出法收发核算。

表2-6

第二步骤 BX-18 主机成本明细账

2018年08月　　　　　　　　　　　　　　　单位：元

摘要	半成品 BS-18	直接材料费用	其他费用	合计
期初在产品成本				
本期费用		560 000	21 000	
费用合计				
转出完工产品成本				
期末在产品成本				

注：BS-18 传动轴、材料费用均在生产开始时一次性投入，在产品按定额200元/件分摊其他费用。

表 2-7

第三步骤 PH5-18 变速箱成本明细账

2018 年 08 月 31 日　　　　　　　　　　　　　　　　　　单位：元

摘　要	半成品 BX-18 主机成本	直接材料费用	其他费用	合　计
期初在产品成本				
本期费用		686 000	313 600	
费用合计				
转出完工产品成本				
期末在产品成本				

注：本车间分两个工序生产，BX-18 主机、直接材料费用在生产开始时一次性投入，其他费用陆续发生。其中，第一工序占整个生产工序的 40%，在产品 10 件，在产品完工程度为本工序的 60%；第二工序占整个工序的 60%，在产品 10 件，在产品完工程度为本工序的 40%。

二、实验要求

（1）按逐步综合结转分步法完成各车间的产品成本计算。
（2）对 BX-18 主机进行成本还原。
（3）可以选用按逐步分项结转分步法计算各步骤产品成本。
（4）结合实验完成情况撰写实验报告。

按成本项目比重还原法和还原率还原法，可计算得出产品成本还原计算表，分别见表 2-8 和表 2-9。

表 2-8

产品成本还原计算表（成本项目比重还原法）

产品名称：BX-18 主机　　　　2018 年 08 月 31 日　　　　　　单位：元

摘　要	成　本　项　目			
	BS-18 传动轴	直接材料	其他费用	合　计
还原前 BX-18 主机总成本				
BS-18 传动轴成本构成				
BS-18 传动轴成本还原				
还原后 BX-18 主机总成本				
还原后 BX-18 主机单位成本				

主管：　　　　　　　　　审核：　　　　　　　　　制表：

表2-9

产品成本还原计算表(还原率还原法)

产品名称:BX-18主机　　　　2018年08月31日　　　　　　　　金额单位:元

摘　要	成 本 项 目				
	还原率	BS-18传动轴	直接材料	其他费用	合　计
还原前BX-18主机总成本					
本月所产BS-18传动轴成本					
BX-18主机中BS-18传动轴成本还原					
还原后BX-18主机总成本					
还原后BX-18主机单位成本					

主管：　　　　　　　　审核：　　　　　　　　制表：

实验项目2-3　作业成本法费用分配实验

一、基本资料

(一)作业成本法核算过程示意图

作业成本法核算过程示意图见图2-5。

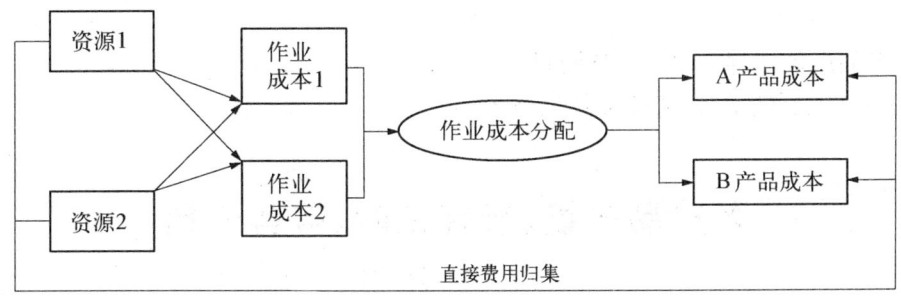

图2-5　作业成本法核算过程示意图

(二)实验资料

1. 产品及作业成本对象

世纪风韵音响器材有限公司生产音箱和音响机架,生产过程包括设计、生产、配送等环节。该公司决定以音箱和音响机架作为最终产品成本计算对象;将设计、喷漆、安装、配送、生产管理五个环节作业作为作业成本计算对象来归集和分配间接费用;其他支出作为直接费用或期间费用处理。

2. 各作业成本库的作业成本率

各作业成本库的作业成本率见表 2-10。

表 2-10

作业成本库的作业成本率

2018 年 08 月 31 日

作业种类①	成本类别②	间接成本总额(元)③	成本分配基础数量④	作业成本分配率⑤=③÷④	分配基础和作业成本之间的因果关系⑥
设计	维持产品	3 600	180 m²	20 元/m²	设计成本随着产品型号的变化而增加
喷漆	批别级	120 000	400 小时	300 元/小时	喷漆成本随着机器时间的增加而增加
安装	产出单位成本	6 000	300 小时	20 元/小时	安装成本随着安装时间的增加而增加
配送	产出单位成本	900	90 m³	10 元/m³	配送成本随着运输的立方米数量增加而增加
生产管理	生产维持	44 000	55 000 小时	0.80 元/小时	管理需求随着直接生产时间的增加而增加

主管：　　　　　　　　审核：　　　　　　　　制表：

3. 各产品产量、所耗工时、劳务资料

各产品产量、所耗工时、劳务资料见表 2-11。

表 2-11

各产品产量、所耗工时、劳务资料

2018 年 08 月 31 日

项目	音箱(500 组)	音响机架(1 000 件)
设计(180 m²)	72	108
喷漆(机器 400 小时)	160	240
安装(人工 300 小时)	120	180
配送(90 m³)	36	54
生产管理(55 000 人工小时)	22 000	33 000

4. 作业成本法的产品成本表

作业成本法的产品成本表见表 2-12。

表 2-12

作业成本法的产品成本表

编制单位：世纪风韵音响器材有限公司　　　2018 年 08 月 31 日　　　　金额单位：元

成 本 项 目	音箱（500 组）		音响机架（1 000 件）		合 计
	总成本 ①	单位成本 ②＝①÷500	总成本 ③	单位成本 ④＝③÷1 000	⑤＝①＋③
直接成本：					
直接材料	565 000	1 130	980 000	980	
直接人工	137 000	274	196 000	196	
包装成本	10 500	21	17 000	17	
直接成本合计					
间接作业成本：					
设计：					
音　　箱					
音响机架					
喷漆：					
音　　箱					
音响机架					
安装：					
音　　箱					
音响机架					
配送：					
音　　箱					
音响机架					
生产管理：					
音　　箱					
音响机架					
分配的间接成本总额					
总　成　本					

主管：　　　　　　　　　审核：　　　　　　　　　制表：

二、实验要求

（1）按上述资料完成世纪风韵音响器材有限公司作业成本法下产品成本计算表。

（2）结合实验完成情况撰写实验报告。

实验项目 2-4 标准成本法实验

一、基本资料

(一) 标准成本法核算过程示意图

标准成本法核算过程示意图见图 2-6。

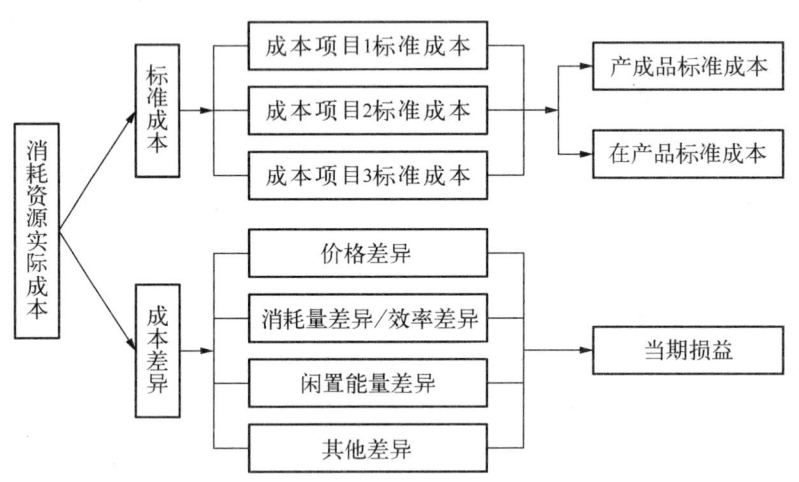

图 2-6 标准成本法核算过程示意图

(二) 实验资料

南海轴承制造有限公司是一家生产各类船用轴承的企业,该公司对其所生产的 SL18 满装圆柱滚子轴承采用标准成本法核算产品成本,期末采用结转本期损益法处理成本差异。

1. 相关标准资料

SL18 满装圆柱滚子轴承的相关标准资料见表 2-13。

表 2-13 **SL18 满装圆柱滚子轴承的相关标准资料**

成 本 项 目	标 准 单 价	标 准 消 耗 量	标 准 成 本
直接材料	6.00 元/千克	170 千克/件	1 020 元
直接人工	80 元/小时	5.2 小时/件	416 元
变动制造费用	96 元/小时	5.2 小时/件	499.20 元
固定制造费用	6.5 元/小时	5.2 小时/件	33.80 元
单位标准成本			1 969 元

2. 生产及相关费用情况

2010年4月份，SL18满装圆柱滚子轴承的生产及相关费用情况如下：

原材料在生产开始时一次性投入，其他成本费用陆续发生，在产品成本按约产量法计算，在产品约当产量系数为0.5。

月初结存原材20 000千克，本月购入原材料32 000千克，其实际成本为201 600元，本月生产领用原材料48 000千克。

本月消耗实际工时1 500小时，实际工资额为126 000元。变动制造费用实际发生额为64 500元，固定制造费用实际发生额为10 200元。

本月月初在产品数量为20件，本月投产数量为280件，本月完工入库数量为290件，本月销售250件（期初产成品数量为零）。

南海轴承制造有限公司对SL18满装圆柱滚子轴承的产能为1 520小时/月。

二、实验要求

(1) 按上述资料，计算SL18满装圆柱滚子轴承产品以下相关项目：

a. 变动成本项目的成本差异。

b. 固定成本项目的成本差异。

c. 完工产成品和期末在产品的标准成本。

(2) 结合实验完成情况，撰写实验报告。

实验项目2-5　产品成本核算程序、技术应用案例分析

企业产品生产的组织方式、工艺流程特点，决定了产品实物形态形成的路径，这是由产品的设计要求、技术条件、工艺能力等多方面因素决定的，是客观存在的。成本核算的实质就是从价值流的角度对产品成本形成过程进行的会计学专业描述。所以，产品生产的组织方式、工艺过程、特点决定了成本核算程序与技术的选择。为提高产品成本核算工作的效率与正确性，成本核算程序的设计与选择应结合产品的生产组织方式与特点，综合运用各种成本核算程序与技术进行。为使学生能充分体会企业的生产组织方式、特点与产品成本核算程序、技术之间的关系，本节例示了几种不同类型的企业产品生产组织方式与工艺流程，要求学生在此基础上完成相关的成本核算程序与技术选择的论证与设计，以提高学习成本会计学的理论与实践的水平。

案例1　大量大批生产型企业案例

梧桐水泥厂是一家大量大批生产水泥的中型企业，拥有固定资产5 300多万元，职工近600人。该厂产品主要有：通用水泥（GB175-1999、GB1344-1999）和专用水泥（G级油井水泥、道路硅酸盐水泥）。

产品生产过程由破碎、配料、烧制、包装等几个主要环节组成，按水泥品种批量组织生产。另外，还设有锅炉、供电、供水等辅助生产车间提供相关服务。

一、生产工艺流程图

梧桐水泥厂水泥生产工艺流程图见图2-7。

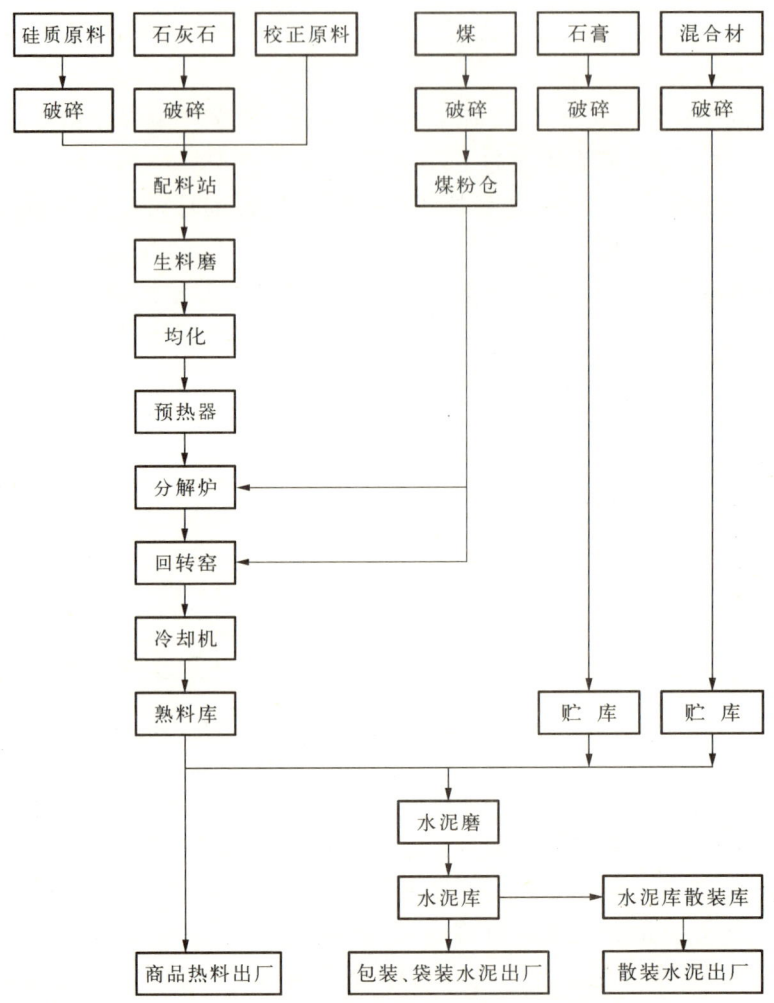

图2-7 梧桐水泥厂水泥生产工艺流程图

二、案例分析要求

(1) 教师介绍、分析该厂的产品生产组织与工艺特点。

(2) 结合该厂的生产组织与工艺特点,由学生分析讨论以下问题:

    a. 该厂产品成本核算工作应选用的基本组织方式。

    b. 分析该厂各生产环节、步骤可以选择的产品成本核算方法。

    c. 产品成本核算账户的设置。

    d. 各环节、步骤之间费用的归集和分配方法。

    e. 从成本管理的角度分析各环节、步骤可以采取的成本控制措施。

f. 结合标准成本法、作业成本法的要求,分析相关的标准制定依据、作业中心的划分等问题。

g. 结合该企业的生产管理特点分析,该厂选用分批法还是品种法更合适?

h. 从成本控制角度分析,该厂是否可以采用定额法?

i. 该厂可能形成的环境成本有哪些?

案例2　大量分批生产型企业案例

金罗山服装有限公司是一家拥有固定资产600多万元,员工1 200多人的服装生产企业。该公司除大量大批生产自主品牌派力、英朗两个系列的各款服装外,还承接客户订单生产客户指定的各种服装。生产过程由设计、裁剪、印缝几个主要工序组成,另外有锁订、检验、包装等几个辅助工序配合。

一、生产工艺流程图

金罗山服装有限公司产品生产工艺流程图见图2-8。

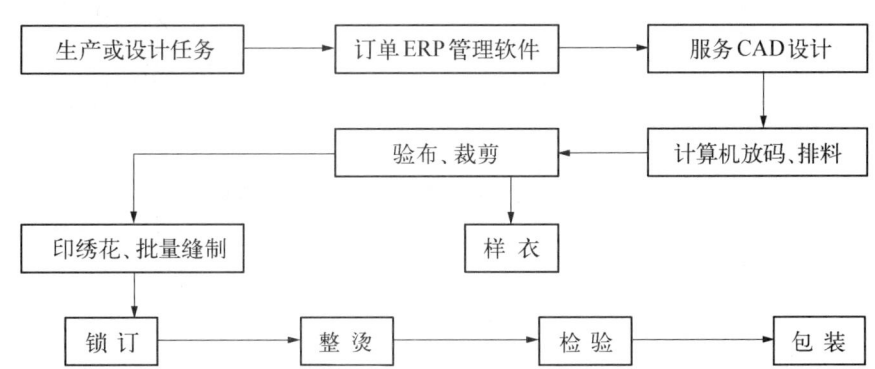

图2-8　金罗山服装有限公司产品生产工艺流程图

二、案例分析要求

(1) 教师介绍、分析该公司的产品生产组织与工艺特点。

(2) 结合该公司的生产组织与工艺特点,由学生分析讨论以下问题:

a. 该公司作业中心的划分(同质作业、作业中心、作业链)。

b. 该公司各作业中心所需资源及资源动因。

c. 该公司各作业中心的作业成本及成本动因。

d. 产品成本核算账户的设置。

e. 各作业基础成本库费用的分配标准。

f. 在采用分批法计算产品成本的情况下,该公司应如何进行成本控制?

g. 讨论该公司可能存在的质量成本。

案例3　多步式小型生产企业案例

密山食用油加工厂是一家小型豆油生产企业,拥有固定资产360多万元,职工近30人。

该厂大量生产大豆食用油,另外有豆粕、磷脂粉等副产品,生产过程主要由压榨、精炼等工序组成。

一、加工工艺流程图

密山食用油加工厂加工工艺流程图见图2-9。

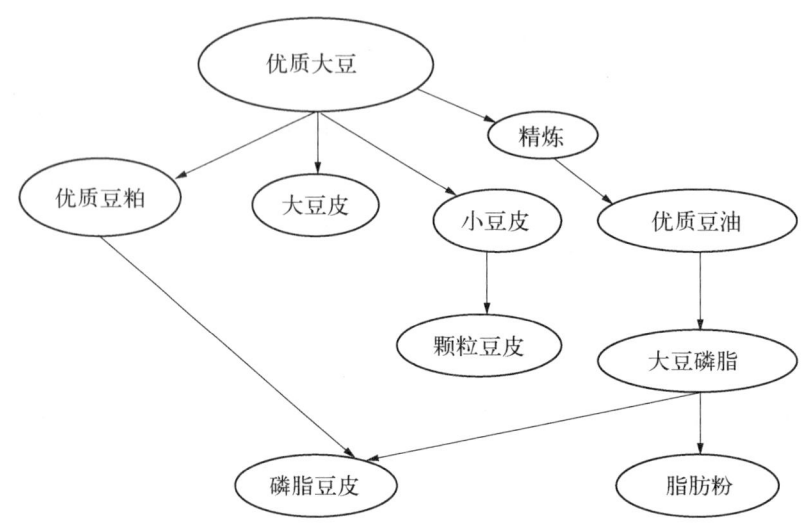

图2-9 密山食用油加工厂加工工艺流程图

二、案例分析要求

(1) 教师介绍、分析该厂的产品生产工艺特点。

(2) 结合该厂的生产工艺特点,由学生分析讨论以下问题:

  a. 该厂产品成本核算工作应选用的基本组织方式。

  b. 分析该厂应该选择的产品成本核算方法。

  c. 该厂主、副产品的划分。

  d. 各环节主、副产品之间费用的归集和分配方法。

  e. 该厂是否可以采用分类法核算产品成本?与品种法相比,分类法有何特点?

  f. 讨论在保证副产品的成本偏差程度控制在一定范围内的情况下,如何简化副产品的成本计算过程。

案例4 单步式小型生产企业案例

新丰冶炼厂是一家大量生产各种铸铁件的小型企业,拥有固定资产1 200多万元,职工130多人。该厂主要生产各种规格的灰口铁、球墨铸铁件,生产过程由上料、冶炼、铸造等几个基本环节组成,另有送风、送气等辅助活动配合。

一、生产工艺流程图

新丰冶炼厂生产工艺流程图见图2-10。

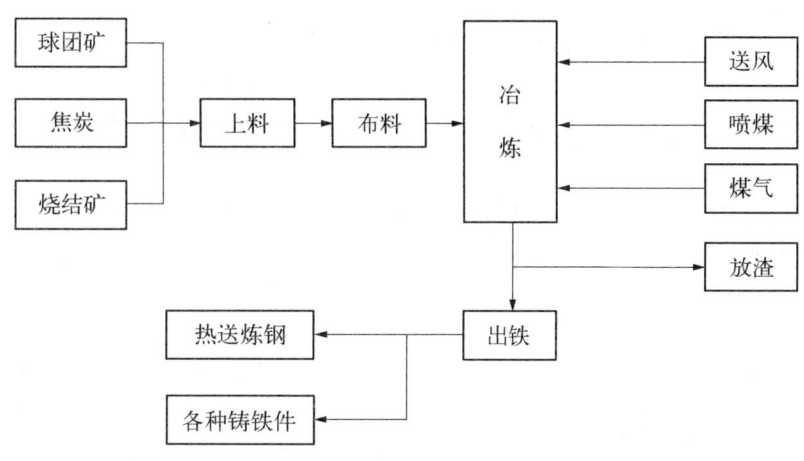

图 2-10 新丰冶炼厂生产工艺流程图

二、案例分析要求

(1) 教师介绍、分析该厂的产品生产组织与工艺特点。
(2) 结合该厂的生产组织与工艺特点,由学生分析讨论以下问题:
a. 该厂产品成本核算工作应选用的基本组织方式。
b. 分析该厂应该选择的产品成本核算方法。
c. 产品成本核算账户的设置。
d. 各环节、步骤之间费用的归集和分配方法。
e. 从成本管理的角度分析各环节、步骤可以采取的成本控制措施。
f. 讨论该厂是否可以采用分步法进行产品成本核算,并说明理由。
g. 在成本归集的过程中,是否应该考虑环境成本?

案例5 大量大批多步式生产型企业案例

西工机械设备有限公司是一家拥有固定资产 3 亿多元,职工近 2 000 人的大型机械装备制造企业。该公司主要生产工程、建筑类工业设备。生产工艺流程分为坯件制造、粗加工、精加工、装配等几个主要环节,另外有供电、机修等辅助生产车间提供相关服务。

一、生产工艺流程图

西工机械设备有限公司生产工艺流程图见图 2-11。

二、案例分析要求

(1) 教师介绍、分析该公司的产品生产组织与工艺特点。
(2) 结合该公司的生产组织与工艺特点,由学生分析讨论以下问题:
a. 该公司产品成本核算工作应选用的基本组织方式。
b. 分析该公司各生产环节、步骤可以选择的产品成本核算方法。

c. 产品成本核算账户的设置。

d. 各环节、步骤之间费用的归集和分配方法。

e. 从成本管理的角度分析各环节、步骤可以采取的成本控制措施。

f. 结合标准成本法、作业成本法的要求,分析相关的标准制定依据、作业中心的划分等问题。

g. 该公司是否可以采用定额法计算产品成本?如果采用定额法,则该公司的生产组织特点应与什么基本成本计算方法结合使用?为什么?

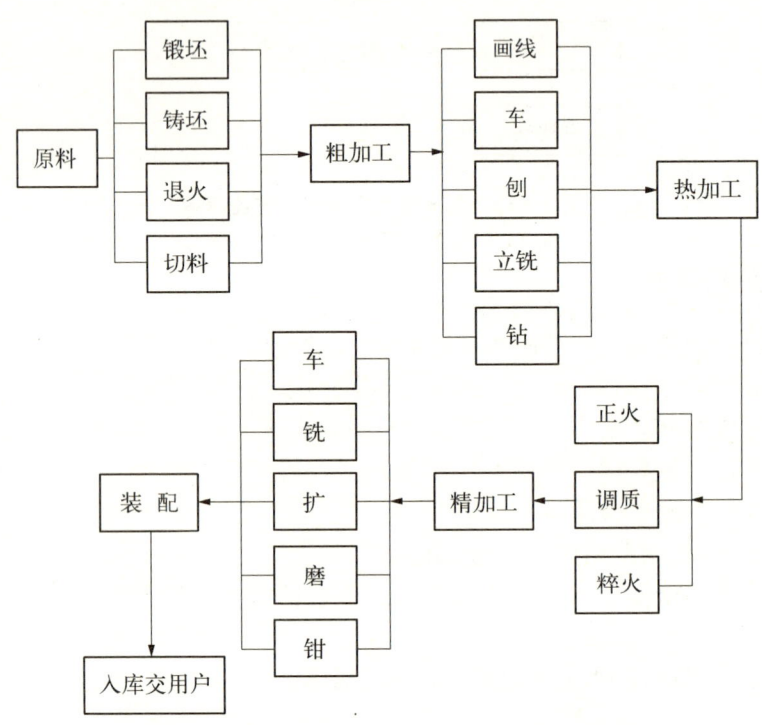

图 2-11 西工机械设备有限公司生产工艺流程图

实验项目3 成本报表编制与分析实验

实验项目3-1 实验企业有关成本资料

平湖电动工具厂2018年1~3月份有关成本资料见表3-1至表3-10。

表3-1

1~3月份产品产量、单位成本资料

2018年08月　　　　　　　　　　　　　　　　金额单位:元

产品名称	计量单位	1~3月份累计产量		单位成本		1~3月份累计实际总成本
		实际	计划	上年实际平均	本年计划	
GCO15-4型切割机	件	1 600	1 500	758.21	763.28	1 227 776.54
GKS201型电圆锯	件	1 900	1 800	809.17	813.56	1 556 347.22
合　计						2 784 123.76

主管:　　　　　　　　审核:　　　　　　　　制表:

表3-2

主要产品单位成本资料

2018年08月　　　　　　　　　　　　　　　　单位:元

成本项目	历史先进水平(2010年)		上年实际平均		本年计划		1~3月份实际平均	
	GCO15-4型切割机	GKS201型电圆锯	GCO15-4型切割机	GKS201型电圆锯	GCO15-4型切割机	GKS201型电圆锯	GCO15-4型切割机	GKS201型电圆锯
直接材料	578.62	601.14	583.82	606.88	587.73	610.17		
直接人工	67.63	88.17	68.24	89.01	68.70	89.49		
机修和动力	53.35	48.09	53.83	48.55	54.20	48.81		
制造费用	51.85	64.12	52.32	64.73	52.65	65.09		
产品生产成本	751.45	801.52	758.21	809.17	763.28	813.56		

主管:　　　　　　　　审核:　　　　　　　　制表:

表 3-3

制造费用有关资料

2018 年 08 月　　　　　　　　　　　　　　　　单位：元

项　目	本年计划（各月）	上年同期实际	1～3月份累计实际
工资	8 400.00	8 100.00	25 962.00
职工福利费	1 176.00	1 000.00	3 633.01
工会经费	168.00	160.00	522.60
职工教育费	126.00	120.00	395.40
"五险一金"	133.00	130.00	402.60
辅助材料	4 500.00	4 400.00	14 076.00
低值易耗品	18 000.00	17 000.00	56 920.68
折旧费	7 000.00	7 000.00	21 000.00
水费	3 400.00	3 410.00	10 290.63
办公费	610.00	600.00	2 095.92
修理费	11 100.00	11 000.00	36 549.55
动力费	5 237.00	5 200.00	15 978.33
合　计	59 850.00	58 120.00	187 826.72

主管：　　　　　　　审核：　　　　　　　制表：

表 3-4

产品生产成本表（按产品种类反映）

编制单位：平湖电动工具厂　　　2018 年 08 月 31 日　　　　　　　金额单位：元

产品名称	规格	计量单位	实际产量		单 位 成 本				本月总成本			本年累计总成本		
			本月	本年累计	上年实际平均	本年计划	本月实际	本年累计实际平均	按上年实际平均单位成本计算	按本年计划单位成本计算	本月实际	按上年实际平均单位成本计算	按本年计划单位成本计算	本年实际
			①	②	③	④	⑤=⑨÷①	⑥=⑫÷②	⑦=①×③	⑧=①×④	⑨	⑩=②×③	⑪=②×④	⑫
可比产品合计 其中：									864 097.40	869 273.20		3 614 656.40	3 636 285.20	
1. 切割机	GCO15-4	件	510	2 110	758.21	763.28		767.63	386 687.10	389 272.80		1 599 823.10	1 610 520.80	
2. 电圆锯	GKS201	件	590	2 490	809.17	813.56		818.92	477 410.30	480 000.40		2 014 833.30	2 025 764.40	
不可比														
全部商品产品制造成本									864 097.40	869 273.20		3 614 656.40	3 636 285.20	

主管：　　　　　　　审核：　　　　　　　制表：

补充资料(本年累计实际数)：

可比产品成本降低额为_____元(本年计划降低额为_____元)。

可比产品成本降低率为_____(本年计划降低率为_____)。

按现行价格计算的商品产值为_____元。

产值成本率为_____元/百元(本年计划产值成本率为_____元/百元)。

表3-5

主要产品单位成本表

编制单位：平湖电动工具厂　　　2018年08月31日　　　　　金额单位：元

产品名称		切割机		本月实际产量		510.00
规　　格		GCO15-4		本年累计实际产量		2 110
计量单位		件		销售单价		1 400.00

成本项目	行次	历史先进水平 (2010年) ①	上年 实际平均 ②	本年 计划 ③	本月 实际 ④	本年累计 实际平均 ⑤
直接材料	1	578.62	583.82	587.73		
直接人工	2	67.63	68.24	68.70		
机修和动力	3	53.35	53.83	54.20		
制造费用	4	51.85	52.32	52.65		
产品单位成本	5	751.45	758.21	763.28		
主要技术经济指标		耗用量	耗用量	耗用量	耗用量	耗用量
原材料(千克)		11.0	12.0	12.6	13.0	12.9
辅助材料(千克)		5.0	5.3	5.8	6.0	6.1

主管：　　　　　　　审核：　　　　　　　制表：

表 3-6

主要产品单位成本表

编制单位：平湖电动工具厂　　　2018 年 08 月 31 日　　　　　　　金额单位：元

产品名称	电圆锯	本月实际产量	590
规　格	GKS201	本年累计实际产量	2 490
计量单位	件	销售单价	1 600.00

成本项目	行次	历史先进水平（2010 年）①	上　年实际平均②	本年计划③	本月实际④	本年累计实际平均⑤
直接材料	1	601.14	606.88	610.17		
直接人工	2	88.17	89.01	89.49		
机修和动力	3	48.09	48.55	48.81		
制造费用	4	64.12	64.73	65.09		
产品生产成本	5	801.52	809.17	813.56		
主要技术经济指标		耗用量	耗用量	耗用量	耗用量	耗用量
原材料（千克）		15.0	16.1	16.0	15.2	15.3
辅助材料（千克）		6.50	7.1	7.0	6.7	6.8

主管：　　　　　　　　审核：　　　　　　　　制表：

表 3-7

GCO15-4 型切割机原材料费用分析表

编制单位：平湖电动工具厂　　　2018 年 08 月 31 日　　　　　　　金额单位：元

原材料名称	计量单位	耗用量		单价		原材料费用		差异	
		计划	实际	计划	实际	计划	实际	数量	金额
原材料	千克	12.6	13	38.953		490.807			
辅助材料	千克	5.8	6	16.710		96.923			
合　计						587.730			

主管：　　　　　　　　审核：　　　　　　　　制表：

GCO15-4型切割机原材料费用实际比计划增加_____元。

分析：

由于耗用量变动

    原材料

    辅助材料

    合计

由于价格变动

    原材料

    辅助材料

    合计

两种因素合计：

表3-8

GKS201型电圆锯原材料费用分析表

编制单位：平湖电动工具厂 2018年08月31日   金额单位：元

原材料名称	计量单位	耗用量		单价		原材料费用		差异	
		计划	实际	计划	实际	计划	实际	数量	金额
原材料	千克	16	15.2	30.878		494.050			
辅助材料	千克	7	6.7	16.587		116.115			
合计						610.170			

主管：   审核：   制表：

GKS201型电圆锯原材料费用实际比计划增加_____元。

分析：

由于耗用量变动

    原材料

    辅助材料

    合计

由于价格变动

    原材料

    辅助材料

    合计

两种因素合计：

表 3-9

GCO15-4 型切割机职工薪酬分析表

编制单位：平湖电动工具厂　　　2018 年 08 月 31 日　　　　　　　金额单位：元

项　　目	单位产品工时（小时）	每小时薪酬（元/小时）	单位产品成本中的薪酬
本年计划	9.60	7.156 25	68.70
本月实际	9.52	7.451 76	70.94
薪酬差异			

主管：　　　　　　　审核：　　　　　　　制表：

单位产品所耗工时变动影响＝
每小时薪酬变动影响＝
两种因素合计＝

表 3-10

GKS201 型电圆锯职工薪酬分析表

编制单位：平湖电动工具厂　　　2018 年 08 月 31 日　　　　　　　金额单位：元

项　　目	单位产品工时（小时）	每小时薪酬（元/小时）	单位产品成本中的薪酬
本年计划	9.6	9.321 875	89.49
本月实际	9.91	9.115 488	90.334 49
薪酬差异			

单位产品所耗工时变动影响＝
每小时薪酬变动影响＝
两种因素合计＝

实验项目3-2　实验操作要求

一、编制产品生产成本报表

根据平湖电动工具厂2018年1~3月份有关成本资料、4月份成本核算资料,编制产品生产成本报表。

二、编制"产品生产成本表(按产品种类反映)"

编制"产品生产成本表(按产品种类反映)"(见表3-4),完成相关指标计算。

三、编制"主要产品单位成本表"

编制GCO15-4型切割机和GKS201型电圆锯的"主要产品单位成本表"(见表3-5和表3-6)。

四、分析主要成本项目对产品单位成本的影响

1. 直接材料项目

分析由于耗用量变动、材料价格变动对单位成本的影响,相关资料见表3-7和表3-8。

2. 职工薪酬项目

采用差额计算法,分析工时及每小时薪酬变动对单位成本的影响,相关资料见表3-9和表3-10。

五、撰写实验报告

根据实验资料的操作和完成情况撰写实验报告。

实验参考答案

实验项目1　成本会计核算基本程序实验

一、会计分录部分

业务1　购入办公用品。

借：管理费用	7 600
辅助生产成本——动力车间	500
——机修车间	200
制造费用	700
应交税费——应交增值税（进项税额）	1 530
贷：银行存款	10 530

业务2　报销差旅费。

借：管理费用	960
贷：其他应收款	960
借：库存现金	40
贷：其他应收款	40

业务3　支付本期电费。

借：辅助生产成本——动力车间	37 000
应交税费	6 290
贷：银行存款	43 290

业务4　支付本期水费。

借：辅助生产成本——动力车间	600
——机修车间	400
制造费用	3 500
管理费用	300
应交税费——应交增值税（进项税额）	288
贷：银行存款	5 088

业务5　支付财产保险费。

借：预付账款（待摊费用）	2 300
贷：银行存款	2 300

业务6　分摊应由本期负担的相关费用。

借：管理费用	2 575
贷：预付账款（或待摊费用）	2 575

业务 7 分配原材料费用。

借：基本生产成本——切割机　　　　　　　　　　　　　　　297 181.2
　　　　　　　　——电圆锯　　　　　　　　　　　　　　　367 818.8
　　辅助生产成本——动力车间　　　　　　　　　　　　　　　4 500.0
　　　　　　　　——机修车间　　　　　　　　　　　　　　　9 480.0
　　制造费用　　　　　　　　　　　　　　　　　　　　　　23 700.0
　　管理费用　　　　　　　　　　　　　　　　　　　　　　17 500.0
　　贷：原材料　　　　　　　　　　　　　　　　　　　　　720 180.0

业务 8 结算并分配职工薪酬。

借：基本生产成本——切割机　　　　　　　　　　　　　　　35 824.90
　　　　　　　　——电圆锯　　　　　　　　　　　　　　　53 737.35
　　辅助生产成本——动力车间　　　　　　　　　　　　　　15 253.83
　　　　　　　　——机修车间　　　　　　　　　　　　　　　9 371.68
　　制造费用　　　　　　　　　　　　　　　　　　　　　　10 338.00
　　管理费用　　　　　　　　　　　　　　　　　　　　　　17 819.00
　　贷：应付职工薪酬　　　　　　　　　　　　　　　　　　142 344.76

业务 9 计提固定资产折旧费用。

借：辅助生产成本——动力车间　　　　　　　　　　　　　　　3 060
　　　　　　　　——机修车间　　　　　　　　　　　　　　　　800
　　制造费用　　　　　　　　　　　　　　　　　　　　　　　7 000
　　管理费用　　　　　　　　　　　　　　　　　　　　　　　1 900
　　贷：累计折旧　　　　　　　　　　　　　　　　　　　　　12 760

业务 10 分配辅助生产成本。

借：基本生产成本——切割机　　　　　　　　　　　　　　　27 173.86
　　　　　　　　——电圆锯　　　　　　　　　　　　　　　31 014.95
　　制造费用　　　　　　　　　　　　　　　　　　　　　　16 665.49
　　管理费用　　　　　　　　　　　　　　　　　　　　　　　6 311.21
　　贷：辅助生产成本——动力车间　　　　　　　　　　　　　60 913.83
　　　　　　　　　　——机修车间　　　　　　　　　　　　　20 251.68

分录 1：分配制造费用。

借：基本生产成本——切割机　　　　　　　　　　　　　　　24 761.39
　　　　　　　　——电圆锯　　　　　　　　　　　　　　　37 142.10
　　贷：制造费用　　　　　　　　　　　　　　　　　　　　61 903.49

分录 2：分配与结转完工、在产品费用。

借：库存商品　　　　　　　　　　　　　　　　　　　　　874 341.11
　　贷：基本生产成本——切割机　　　　　　　　　　　　　391 777.87
　　　　　　　　　　——电圆锯　　　　　　　　　　　　　482 563.24

二、账户部分

"基本生产成本"总账

单位：元

日期	摘要	借方	贷方	余额
（略）	期初			20 800.00
	原材料	665 000.00		
	工薪	89 562.25		
	辅助车间费用	58 188.81		
	制造费用	61 903.49		
	合计	874 654.55		895 454.55
	完工转出		874 341.11	
	期末余额			21 113.08

"基本生产成本——GCO15-4切割机"明细账

单位：元

日期	摘要	直接材料	直接人工	机修和动力	制造费用	合计
（略）	期初	11 920.00	710.00	520.00	500.00	13 650.00
	材料费用	297 181.20				
	工薪		35 824.90			
	机修和动力			27 173.86		
	制造费用				24 761.39	
	合计	309 101.20	36 534.50	27 693.86	25 261.39	398 590.95
	完工	303 156.95	36 179.80	27 424.99	25 016.13	391 777.87
	在产	5 944.25	354.70	268.87	245.26	6 813.08

"基本生产成本——GKS201型电圆锯"明细账

单位：元

日期	摘要	直接材料	直接人工	机修和动力	制造费用	合计
（略）	期初	6 140.00	440.00	265.00	305.00	7 150.00
	材料费用	367 818.80				
	工薪		53 737.35			
	机修和动力			31 014.95		
	制造费用				37 142.10	
	合计	373 958.80	54 177.35	31 279.95	37 447.10	496 863.20
	完工	361 678.84	53 297.35	30 749.95	36 837.10	482 563.24
	在产	12 280.00	880.00	530.00	610.00	14 300.00

"辅助生产成本"总账

单位：元

日 期	摘 要	借 方	贷 方	余 额
（略）	期初			
	原材料	13 980.00		
	工 薪	24 625.51		
	电 费	37 000.00		
	水 费	1 000.00		
	折 旧	3 860.00		
	办公费	700.00		
	合 计	81 165.51		
	分 配		81 165.51	

"辅助生产成本——动力车间"明细账

单位：元

日 期	摘 要	折 旧	人 工	材 料	水电费	其 他	合 计
（略）	原材料			4 500			
	工 薪		15 253.83				
	电 费				37 000		
	水 费				600		
	折 旧	3 060					
	办公费					500	
	合 计						60 913.83
	分 配	-3 060	-15 253.83	-4 500	-37 600	-500	-60 913.83

"辅助生产成本——机修车间"明细账

单位：元

日 期	摘 要	折 旧	人 工	材 料	水电费	其 他	合 计
（略）	原材料			9 480			
	工 薪		9 371.68				
	电 费						
	水 费				400		
	折 旧	800					
	办公费					200	
	合 计						20 251.68
	分 配	-800	-9 371.68	-9 480	-400	-200	-20 251.68

"制造费用"总账

单位:元

日 期	摘 要	借 方	贷 方	余 额
(略)	期 初			
	原 材 料	23 700.00		
	工 薪	10 338.00		
	办公费用	700.00		
	水 费	3 500.00		
	折 旧	7 000.00		
	辅助生产费用	16 665.49		
	合 计	61 903.49		
	分 配		61 903.49	

"管理费用"总账

单位:元

日 期	摘 要	借 方	贷 方	余 额
(略)	期 初			
	原 材 料	17 500.00		
	工 薪	17 819.00		
	办公费用	7 600.00		
	水 费	300.00		
	折 旧	1 900.00		
	辅助生产费用	6 311.20		
	差 旅 费	960.00		
	保 险 费	2 575.00		
	合 计	54 965.20		

辅助生产费用分配表(直接对外分配)

2018 年 08 月 31 日　　　　　　　　　　　　　　　金额单位:元

项 目		机 修 车 间			动 力 车 间			金额合计
		劳务供应量(小时)	单位成本	分配金额	劳务供应量(度)	单位成本	分配金额	
耗用部门	对外分配情况							
	GCO15-4 型切割机	200		4 500.38	20 100		22 673.48	27 173.86
	GKS201 型电圆锯	100		2 250.19	25 500		28 764.76	31 014.95
	车间耗用	500		11 250.95	4 800		5 414.54	16 665.49
	管理部门	100		2 250.16	3 600		4 061.05	6 311.21
	合 计	900	22.50	20 251.68	54 000	1.128	60 913.83	81 165.51

主管:　　　　　　　　　　审核:　　　　　　　　　　制表:

制造费用分配表

2018 年 08 月 31 日　　　　　　　　　　　　　　金额单位：元

分配对象（产品名称）	分配标准（职工薪酬）	分配率	分配金额
GCO15-4 型切割机	35 824.90		24 761.39
GKS201 型电圆锯	53 737.35		37 142.10
合　计	89 562.25	0.691 178 3	61 903.49

主管：　　　　　　　　审核：　　　　　　　　制表：

实验项目 2　成本会计核算专项技术实验

一、辅助生产费用分配

辅助生产费用分配表

平湖电动工具厂　　　　　　2018 年 08 月 31 日　　　　　　　　金额单位：元

项　目		机 修 车 间			动 力 车 间			合　计
		耗用量（小时）	单位成本	分配金额	耗用量（千瓦时）	单位成本	分配金额	
待分配费用		1 000		20 251.68	60 000		60 913.830 0	81 165.51
交互分配	辅助生产成本——机修车间				6 000	1.015 23	6 091.380 0	
	辅助生产成本——动力车间	100	20.251 68	2 025.168				
对外分配辅助生产费用		900	27.019 80	24 317.892	54 000	1.052 73	56 847.618 0	81 165.51
对外分配	基本生产成本——GCO15-4 型切割机	200		5 403.976	20 100		21 159.946 0	26 563.92
	基本生产成本——GKS201 型电圆锯	100		2 701.988	25 500		26 844.708 0	29 546.69
	制造费用	500		13 509.940	4 800		5 053.121 6	18 563.06
	管理费用	100		2 701.988	3 600		3 789.841 2	6 491.83
合　计		900	27.019 80	24 317.892	54 000	1.052 73	56 847.618 0	81 165.51

主管：　　　　　　　　审核：　　　　　　　　制表：

注：分配率保留 4 位小数。

二、分步法处理

第一步骤 BS-18 传动轴产品成本明细账

2018 年 08 月 31 日　　　　　　　　　　　　　　单位：元

摘　要	直接材料费用	其他费用	合　计
期初在产品成本	8 000.00		8 000.00
本期费用	810 000.00	205 000	1 015 000.00
费用合计	818 000.00	205 000	1 023 000.00
转出完工产品成本	801 801.98	205 000	1 006 801.98
期末在产品成本	16 198.02	0	16 198.02

主管：　　　　　　　　审核：　　　　　　　　制表：

半成品 BS-18 传动轴明细账

金额单位：元

类别：材料　　　　　　　　　　2018 年 08 月　　　　　　　　　　编号：020315

品种品名或规格：BS-18　　　　储备定额：200 件　　　　　　存放地点：1 号库房

2018年		凭证字号	摘要	收入			发出			结存		
月	日			数量	单价	金额	数量	单价	金额	数量	单价	金额
08	01	(略)	期初余额							20	975.000 0	19 500.000
			入库	990	1 016.971 6	1 006 801.98						
			发出				20	975.000 0	19 500.000			
							980	1 016.971 6	996 632.168	10	1 016.971 6	10 169.716
08	31		合计及余额									

注：半成品 BS-18 按先进先出法收发核算。

第二步骤 BX-18 主机成本明细账

2018 年 08 月 31 日　　　　　　　　　　　　　　　　　　　　　　单位：元

摘　要	半成品 BS-18	直接材料费用	其他费用	合　计
期初在产品成本	7 900.00	5 000.00	1 050	13 950.00
本期费用	1 016 132.17	560 000.00	21 000	1 597 132.17
费用合计	1 024 032.17	565 000.00	22 050	1 611 082.17
转出完工产品成本	993 615.37	548 217.82	16 050	1 557 883.19
期末在产品成本	30 416.80	16 782.18	6 000	53 198.98

第三步骤 PH5-18 变速箱成本明细账

2018 年 08 月 31 日　　　　　　　　　　　　　　　　　　　　　　单位：元

摘　要	半成品 BX-18 主机成本	直接材料费用	其他费用	合　计
期初在产品成本	11 850.00	9 000.00	2 250.00	23 100.00
本期费用	1 557 883.19	686 000.00	313 600.00	2 557 483.19
费用合计	1 569 733.19	695 000.00	315 850.00	2 580 583.19
转出完工产品成本	1 538 180.76	681 030.15	313 024.75	2 532 235.66
期末在产品成本	31 552.43	13 969.85	2 825.25	48 437.53

产品成本还原计算表（成本项目比重还原法）

产品名称：BX-18 主机　　　　2018 年 08 月 31 日　　　　　　　　　　单位：元

摘　要	成　本　项　目			
	BS-18 传动轴	直接材料	其他费用	合　计
① 还原前 BX-18 主机总成本	993 615.37	548 217.82	16 050.00	1 557 883.19
② BS-18 传动轴成本构成		801 801.98	205 000.00	1 006 810.98
③ BS-18 传动轴成本还原		791 300.27	202 315.09	993 615.37
④ 还原后 BX-18 主机总成本		1 339 518.10	218 365.09	1 557 883.19
⑤ 还原后 BX-18 主机单位成本		1 366.855 20	222.821 52	1 589.676 72

主管：　　　　　　　　　　审核：　　　　　　　　　　制表：

产品成本还原计算表（还原率还原法）

产品名称：BX-18 主机　　　　2018 年 08 月 31 日　　　　　　　　金额单位：元

摘　要	成　本　项　目				
	还原率	BS-18 传动轴	直接材料	其他费用	合　计
① 还原前 BX-18 主机总成本		993 615.37	548 217.82	16 050.00	1 557 883.19
② 本月所产 BS-18 传动轴成本			801 801.98	205 000.00	1 006 810.98
③ BX-18 主机中 BS-18 传动轴成本还原	98.690 247 9%		791 300.36	202 315.01	993 615.37
④ 还原后 BX-18 主机总成本			1 339 518.18	218 365.01	1 557 883.19
⑤ 还原后 BX-18 主机单位成本			1 366.855 20	222.821 52	1 589.676 72

主管：　　　　　　　　　　审核：　　　　　　　　　　制表：

作业成本法的产品成本表

编制单位：世纪风韵音响器材有限公司　　2018 年 08 月 31 日　　　　　金额单位：元

成本项目	音箱（500 组）		音响机架（1 000 件）		合　计
	总成本 ①	单位成本 ②=①÷500	总成本 ③	单位成本 ④=③÷1 000	⑤=①+③
直接成本：					
直接材料	565 000	1 130.00	980 000	980.00	1 545 000

(续表)

成 本 项 目	音箱(500组)		音响机架(1 000件)		合 计
	总成本 ①	单位成本 ②＝①÷500	总成本 ③	单位成本 ④＝③÷1 000	⑤＝①＋③
直接人工	137 000	274.00	196 000	196.00	333 000
包装成本	10 500	21.00	17 000	17.00	27 500
直接成本合计	712 500	1 425.00	1 193 000	1 193.00	1 905 500
间接作业成本：					
设计：					
音箱	1 440	20.00			3 600
音响机架			2 160	20.00	
喷漆：					
音箱	48 000	300.00			120 000
音响机架			72 000	300.00	
安装：					
音箱	2 400	120.00			6 000
音响机架			3 600	180.00	
配送：					
音箱	360	10.00			900
音响机架			540	10.00	
生产管理					
音箱	17 600	0.80			44 000
音响机架			26 400	0.80	
分配的间接成本总额	69 800	450.80	104 700	510.80	174 500
总成本	782 300	1 875.80	1 297 700	1 703.80	2 080 000

主管：　　　　　　　　　　　审核：　　　　　　　　　　　制表：

实验项目2-4相关计算如下：

(1) 变动成本项目的成本差异。

直接材料价格差异＝(201 600÷32 000－6)×32 000＝9 600(元)

直接材料数量差异＝(48 000－280×170)×6＝2 400(元)

月末在产品数量＝20＋280－290＝10(件)

本月完成的约当产量＝280＋10×0.5－20×0.5＝275(件)

直接人工工资效率差异＝1 500×(126 000÷1 500－80)＝6 000(元)

直接人工效率差异＝80×(1 500－275×5.2)＝5 600(元)

变动制造费用耗费差异＝1 500×(64 500÷1 500－46)＝－4 500(元)

变动制造费用效率差异＝46×(1 500－275×5.2)＝3 220(元)

(2) 固定成本项目的成本差异。

实际数＝10 200(元)

预算数＝1 520×6.5＝9 880(元)

实际工时×标准分配率＝1 500×6.5＝9 750(元)
标准工时×标准分配率＝275×5.2×6.5＝9 295(元)
固定成本耗费差异＝10 200－1 520×6.5＝320(元)
固定成本闲置能量差异＝(1 520－1 500)×6.5＝130(元)
固定成本效率差异＝(1 500－275×5.2)×6.5＝455(元)

(3) 完工产成品和期末在产品的标准成本。
期末在产品标准成本＝10×1 020＋5×(416＋239.2＋33.8)＝13 645(元)
期末产成品标准成本＝(290－250)×1 709＝68 360(元)

实验项目3　成本报表编制与分析实验

产品生产成本表(按产品种类反映)

编制单位：平湖电动工具厂　　　　　2018 年 08 月 31 日　　　　　　　　金额单位：元

产品名称	规格	计量单位	实际产量		单位成本				本月总成本			本年累计总成本		
			本月	本年累计	上年实际平均	本年计划	本年实际	本年累计实际平均	按上年实际平均单位成本计算	按本年计划单位成本计算	本月实际	按上年实际平均单位成本计算	按本年计划单位成本计算	本年实际
			①	②	③	④	⑤=⑨÷①	⑥=⑫÷②	⑦=①×③	⑧=①×④	⑨	⑩=②×③	⑪=②×④	⑫
可比产品合计 其中:									864 097.40	869 273.20		3 614 656.40	3 636 285.20	3 658 464.87
1.切割机	GCO15-4	件	510	2 110	758.21	763.28	768.191 9	767.63	386 687.10	389 272.80	391 777.87	1 599 823.10	1 610 520.80	1 619 554.41
2.电圆锯	GKS201	件	590	2 490	809.17	813.56	817.903 8	818.92	477 410.30	480 000.40	482 563.24	2 014 833.30	2 025 764.4	2 038 910.46
不可比产品合计														
全部商品产品制造成本									864 097.40	869 273.20	874 341.11	3 614 656.40	3 636 285.20	3 658 464.87

主管：　　　　　　　　　　　审核：　　　　　　　　　　　制表：

补充资料(本年累计实际数)：
可比产品成本降低额为－43 808.47 元(本年计划降低额为－21 628.80 元)。
可比产品成本降低率为－1.211 96％(本年计划降低率为－0.598 36％)。
按现行价格计算的商品产值6 938 000 元。
产值成本率为52.730 828 元/百元(本年计划产值成本率为52.411 11 元/百元)。

主要产品单位成本表

编制单位：平湖电动工具厂　　　　　2018 年 08 月 31 日　　　　　　　　金额单位：元

产品名称	切割机	本月实际产量	510
规　　格	GCO15-4	本年累计实际产量	2 110
计量单位	件	销售单价	1 400.00

(续表)

成本项目	行次	历史先进水平 （2010 年） ①	上年 实际平均 ②	本年 计划 ③	本月 实际 ④	本年累计 实际平均 ⑤
直接材料	1	578.62	583.82	587.73	594.425 0	
直接人工	2	67.63	68.24	68.70	70.940 77	
机修和动力	3	53.35	53.83	54.20	5 307 744	
制造费用	4	51.85	52.32	52.65	49.051 2	
产品单位成本	5	751.45	758.21	763.28	768.191 9	
主要技术经济指标		耗用量	耗用量	耗用量	耗用量	耗用量
原材料（千克）		11	12.0	12.6	13	12.9
辅助材料（千克）		5	5.3	5.8	6	6.1

主管：　　　　　　　　　　审核：　　　　　　　　　　制表：

主要产品单位成本表

编制单位：平湖电动工具厂　　　　2018 年 08 月 31 日　　　　　　　　金额单位：元

产品名称	电圆锯	本月实际产量	590
规　格	GKS201	本年累计实际产量	2 490
计量单位	件	销售单价	1 600.00

成本项目	行次	历史先进水平 （2010 年） ①	上年 实际平均 ②	本年 计划 ③	本月 实际 ④	本年累计 实际平均 ⑤
直接材料	1	601.14	606.88	610.17	613.014 98	
直接人工	2	88.17	89.01	89.49	90.334 49	
机修和动力	3	48.09	48.55	48.81	52.118 55	
制造费用	4	64.12	64.73	65.09	62.435 76	
产品生产成本	5	801.52	809.17	813.56	817.903 79	
主要技术经济指标		耗用量	耗用量	耗用量	耗用量	耗用量
原材料（千克）		15.0	16.1	16	15.2	15.3
辅助材料（千克）		6.5	7.1	7	6.7	6.8

主管：　　　　　　　　　　审核：　　　　　　　　　　制表：

GCO15-4型切割机原材料费用分析表

编制单位：平湖电动工具厂　　　　2018 年 08 月 31 日　　　　　　金额单位：元

原材料名称	计量单位	耗用量		单价		原材料费用		差异	
		计划	实际	计划	实际	计划	实际	数量	金额
原材料	千克	12.6	13	38.953	38.181 7	490.807	496.363	0.4	5.556 4
辅助材料	千克	5.8	6	16.710	16.333 3	96.923	97.999	0.2	0.854 8
合　计						587.730	594.330	0.6	6.411 2

主管：　　　　　　　　　　审核：　　　　　　　　　　制表：

GCO15-4 型切割机原材料费用实际比计划增加 6.411 2 元。

分析：

 由于耗用量变动

  原材料　　13－12.6＝0.4(千克)　　0.4×38.953＝15.581 2(元)

  辅助材料　6－5.8＝0.2(千克)　　　0.2×16.710＝3.342 0(元)

  合计　　　　　　　　　　　　　　　　　　　18.923 2(元)

 由于价格变动

  原材料　　38.181 7－38.953＝－0.771 3(元)　　－0.771 381 3＝－10.026 9(元)

  辅助材料　16.333 3－16.710＝－0.376 7(元)　　－0.376 7×6＝－2.260 2(元)

  合计　　　　　　　　　　　　　　　　　　　12.287 1(元)

 两种因素综合：　　　　　　　　　　　　　　　6.636 1(元)

GKS201 型电圆锯原材料费用分析表

编制单位：平湖电动工具厂　　　　2018 年 08 月 31 日　　　　　　金额单位：元

原材料名称	计量单位	耗用量		单价		原材料费用		差异	
		计划	实际	计划	实际	计划	实际	数量	金额
原材料	千克	16	15.2	30.878	32.655 5	494.050	496.364 6	－0.8	2.314 6
辅助材料	千克	7	6.7	16.587	17.412 9	116.115	116.666 6	－0.3	0.551 0
合　计						610.17	613.031 2		2.865 6

主管：　　　　　　　　　　审核：　　　　　　　　　　制表：

GKS201 型电圆锯原材料费用实际比计划增加 2.865 6 元。

分析：

 由于耗用量变动

  原材料　　15.2－16＝－0.8(千克)　　－0.8×30.878＝－24.702 4(元)

  辅助材料　6.7－7＝－0.3(千克)　　　－0.3×16.587＝－4.976 1(元)

  合计　　　　　　　　　　　　　　　　　　　－29.678 5(元)

 由于价格变动

  原材料　　32.655 5－30.878＝1.777 5(元)　　1.777 5×15.2＝27.018(元)

  辅助材料　17.412 9－16.587＝0.825 9(元)　　0.825 9×6.70＝5.533 7(元)

  合计　　　　　　　　　　　　　　　　　　　32.551 7(元)

 两种因素合计：　　　　　　　　　　　　　　　2.873 2(元)

GCO15-4 型切割机职工薪酬分析表

编制单位：平湖电动工具厂　　　2018 年 08 月 31 日　　　　　　金额单位：元

项　目	单位产品工时（小时）	每小时薪酬（元/小时）	单位产品成本中的薪酬
本年计划	9.6	7.156 25	68.70
本月实际	9.52	7.451 76	70.940 77
薪酬差异	−0.08	0.295 5	2.240 77

主管：　　　　　　　　　审核：　　　　　　　　　制表：

单位产品所耗工时变动影响＝−0.08×7.156 25＝−0.572 5(元)
每小时薪酬变动影响＝（7.451 76−7.156 25）×9.52＝2.813 16(元)
两种因素合计＝2.240 66(元)

GKS201 型电圆锯职工薪酬分析表

编制单位：平湖电动工具厂　　　2018 年 08 月 31 日　　　　　　金额单位：元

项　目	单位产品工时（小时）	每小时薪酬（元/小时）	单位产品成本中的薪酬
本年计划	9.60	9.321 875	89.490 00
本月实际	9.91	9.115 488	90.334 49
薪酬差异	0.31	−0.206 387	0.844 90

主管：　　　　　　　　　审核：　　　　　　　　　制表：

单位产品所耗工时变动影响＝0.31×9.321 875＝2.889 78(元)
每小时薪酬变动影响＝−0.206 387×9.91＝−2.405 29(元)
两种因素合计＝0.844 48(元)

附录1 实验教学项目卡

学　　期：_____

课程名称：_____

实验教师：_____

实验教学项目卡

实验教学归属部门		实验室名称	
实验项目名称		实验课时数	
所属课程名称		实验人数	
专业（班级）		实验时间	
是否按教学大纲设置		实验类型		实验开设属性	
实验目的	
实验设备及条件	
实验主要内容（子项目）	
实验基本步骤和方法	
实验消耗材料	
实验室人员及教师签名	
实验室负责人签名	

注：①实验类型分为：验证性、综合性、设计性和其他。②实验开设属性分为：必开、选开和自由开设。

附录2　实验中学生常见问题的解答

为了方便同学们学习,促进自主训练,提高实验效果,培养同学们的会计职业判断能力,我们将近几年来同学们在成本会计学模拟实验中提出的有关实验问题进行分析整理,选出下列比较典型的问题进行解答,以供同学们在成本会计技能训练中或以后会计工作中作参考。

1. 生产费用与产品成本有什么区别?

答: 生产费用是企业为销售商品、提供劳务等日常活动所发生的经济利益的流出。产品成本是按一定的产品或劳务对象所归集的费用。两者有如下区别:

(1) 内容不同。生产费用包括生产费用、管理费用、销售费用和财务费用等;工业企业产品成本只包括为生产一定种类或数量的完工产品的费用,不包括未完工产品的生产费用和其他费用。

(2) 计算期不同。生产费用的计算期与会计期间相联系;产品成本的计算期一般与产品的生产周期相联系。

(3) 对象不同。生产费用的计算是按经济用途分类的;产品成本的计算对象是产品。

(4) 计算依据不同。生产费用的计算是以直接费用、间接费用为依据确定的;产品成本是以一定的成本计算对象为依据的。

(5) 账户和原始凭证不同。生产费用是以生产过程中取得的各种单据作为原始凭证,账户是"生产成本"等;产品成本是以成本计算单或成本汇总表及产品入库单作为原始凭证,账户是"库存商品"等。

(6) 总额不同。一定时期内,生产费用总额不等于产品成本总额,因为两者的内容和价值量不同;产品成本是费用总额的一部分,不包括期间费用和期末未完工产品的费用等。

(7) 作用不同。通过生产费用指标,分析其比重,可以了解结构变化从而加强费用管理等;通过产品成本指标,既可以反映物化劳动与活劳动的耗费,又可以反映资金耗费的补偿,还可以检查成本和利润计划,它是表明企业工作质量的综合指标。

2. 成本会计的基础工作包括哪些?

答: 成本会计的基础工作包括以下几个方面:

(1) 建立定额管理制度,制定必要的消耗定额。定额是企业在生产经营过程中,对人力、物力、财力的消耗所规定的标准。与成本有关的定额包括劳动定额,材料、动力、工具消耗定额,费用定额,质量定额等。制定的定额既要先进又要切合实际,并应随着企业生产技术条件的变化和管理水平的提高而定期修订。

(2) 加强物资的计量、验收、领发和清查制度。做好物资的计量、验收、领发和清查工作,是正确计算成本的必要条件。企业一切物资的收发都要经过计量验收和办理必要的凭证手续。库存物资应定期进行清查、盘点,做到账物相符。

（3）建立内部结算制度，制定内部结算价格。做好内部结算，要抓好内部结算价格、内部结算方式和内部结算组织三个方面的工作。

（4）建立原始记录制度，制定合理的凭证传递流程。企业应健全原始记录制度，统一规定各种原始记录的格式、内容、填制方法、存档和销毁等制度；应根据成本计算和内部控制的需要，制定各种原始记录的传递程序，包括凭证传递所流经部门、各部门对凭证的处理程序等。

（5）加强物资的计量、验收、领发和清查制度，建立内部结算制度，制定内部结算价格建立原始记录制度，制定合理的凭证传递流程。

3. 企业应当怎样选择产品成本计算方法？

答： 企业在生产经营过程中，为了正确反映各种产品的成本，均需要将本月产品成本负担的生产费用在各种产品之间进行划分。凡能分清应由哪种产品负担的费用，应直接计入这种产品成本；不能分清应由哪种产品负担的费用，应采用适当的分配方法，分配计入有关产品的成本。

由于产品成本的计算和分配方法比较多，如品种法、分步法、分批法等，企业极容易在可比产品与不可比产品、盈利产品与亏损产品之间任意调节成本，借以掩盖成本超支和亏损的情况。

除此之外，对于生产企业，还有一个比较复杂的问题。如果在会计期末，某种产品既有完工产品又有在产品时，还须明确期末在产品与完工产品的成本费用分配，而分配时，有些企业通过各种手段人为地操纵分配方法，任意增加或减少月末在产品成本，调节完工产品的成本，从而造成财务报表信息偏离正常轨道的现象。

4. 不同的企业，其产品生产成本计算方法中的生产类型应如何划分？其管理要求如何？

答： 不同的企业，按生产工艺过程和生产组织的不同，可以分为不同的生产类型：

（1）按生产工艺过程的特点来分，可分为：①单步骤生产。单步骤生产也称简单生产，是指生产技术上不间断、不分步骤的生产，如发电、熔铸、采掘工业等。②多步骤生产。多步骤生产也称复杂生产，是指技术上可以间断、由若干步骤组成的生产。如果这些步骤按顺序进行，不能并存，不能颠倒，要到最后一个步骤完成才能生产出产成品，这种生产就称为连续式复杂生产，如纺织、冶金、造纸等。如果这些步骤不存在时间上的继起性，可以同时进行，每个步骤生产出不同的零配件，然后再经过组装成为产成品，这种生产就称为装配式复杂生产，如机械、电器、船舶等。

（2）按生产组织的特点来分，可分为：①大量生产。它是指连续不断重复地生产同一种品种和规格产品的生产。这种生产一般品种比较少，生产比较稳定，如发电、采煤、冶金等。大量生产的产品需求一般单一稳定，需求数量大。②成批生产。它是指预先确定批别和有限数量进行的生产。这类生产的特点是品种或规格比较多，而且是成批轮番地组织生产。这种生产组织是现代企业生产的主要形式。③单件生产。它是根据订单，按每一件产品来组织的生产。这种生产组织形式并不多见，主要适用于一些大型而复杂的产品，如重型机械、造船、专用设备等。

不同的企业，成本管理的要求也不完全一样。例如，有的企业只要求计算产成品的成本，而有的企业不仅要计算产成品的成本。而且还要计算各个步骤半成品的成本。有的企业要求按月计算成本，而有的企业可能只要求在一批产品完工后才计算成本等。成本管理要求的不同也是影响选择成本计算方法的一个因素。

5. 生产费用按其计入产品成本的方式，一般可以分为哪几类？

答：为具体反映计入产品成本的生产费用的各种用途，提供产品成本构成情况的资料，还应将其进一步划分为若干个项目，即产品生产成本项目（简称成本项目）。工业企业一般应设置以下几个成本项目：

（1）原材料，也称直接材料。

（2）燃料及动力，也称直接燃料及动力。

（3）工资及福利费，也称直接人工。

（4）制造费用。

企业可根据生产特点和管理要求对上述成本项目做适当调整。对于管理上需要单独反映、控制和考核的费用，以及在产品成本中比重较大的费用，应专设成本项目；否则，为了简化核算，不必专设成本项目。

6. 成本报表作为对内报表，与对外报表相比具有哪些特点？

答：成本报表作为对内报表，与对外报表相比具有如下特点：

（1）编报的目的主要服务于内部。过去在计划经济下的成本报表和新体制下的成本报表，其编报服务对象和目的是有差别的。在计划经济模式下，成本报表与其他财务报表一样都是向外向上编报，为上级服务为主。在市场经济模式下，成本报表主要为企业内部管理服务，满足企业管理者、成本责任者对成本信息的需求，有利于观察、分析、考核成本的动态，有利于控制计划成本目标的实现，也有利于预测工作。

（2）内部成本报表的内容灵活。对外报表的内容，由国家统一规定，强调完整性。内部成本报表主要是围绕着成本管理需要反映的内容，没有明确规定一个统一的内容和范围，不强调成本报告内容的完整性，往往从管理出发对某一问题或某一侧面进行重点反映，揭示差异，找出原因，分清责任。因此，内部成本报表的成本指标可以是多样化的，以适应不同使用者和不同管理目的对成本信息的需求，使内部成本报表真正为企业成本管理服务。

（3）内部成本报表格式与内容相适应。对外报表的格式与内容一样，都由国家统一规定，企业不能随意改动。而内部成本报表的格式是随着反映的具体内容，可以自己设计，允许不同内容可以有不同格式，同一内容在不同时期也可有不同格式，总之，只要有利于为企业成本管理服务，可以拟定不同报表格式进行反映和服务。

（4）内部成本报表编报不定时。对外报表一般都是定期的编制和报送，并规定在一定时间内必须报送。而内部成本报表主要是为企业内部成本管理服务，所以，内部成本报表可以根据内部管理的需要适时地、不定期地进行编制，使成本报表及时地反映和反馈成本信息，揭示存在的问题，促使有关部门和人员及时采取措施，改进工作，提高服务效率，控制费用的发生，达到节约的目的。

（5）内部成本报表按生产经营组织体系上报。对外报表一般是按时间编报的，目前主要是报送财政、银行和主管部门。而内部成本报表是根据企业生产经营组织体系逐级上报，或者是为解决某一特定问题的权责范围内进行传递，使有关部门和成本责任者及时掌握成本计划目标执行的情况，揭示差异，查找原因和责任，评价内部环节和人员的业绩。

附录3 实验评分标准

"成本会计学模拟实验"课程成绩分为优秀、良好、中等、及格、不及格等。各等级评分标准如下。

1. 优秀(A)

(1) 实验项目中各项经济业务的会计技术处理过程和方法符合《中华人民共和国会计法》《企业会计准则》和《企业产品成本核算制度(试行)》的要求。

(2) 会计凭证的填制符合相关财经、会计法规和专业技术的要求,无涂改现象、凭证装订规范。

(3) 账簿的设置与运用符合专业要求,账簿记录符合规范,账面整洁。

(4) 报表的编制符合原则与专业规范、相关项目之间的钩稽关系正确。

(5) 实验操作过程与程序执行正确,实验结论正确。

(6) 实验验收答疑、回答问题正确。

(7) 实验报告格式规范、实验目的明确、实验原理应用与操作步骤正确、实验内容熟悉、实验体会能反映实验项目的专业特点与要求。

(8) 无迟到、早退或缺勤情况。

2. 良好(B)

(1) 实验项目中各项经济业务的会计技术处理过程和方法符合《中华人民共和国会计法》《企业会计准则》和《企业产品成本核算制度(试行)》的要求。

(2) 会计凭证的填制符合相关财经、会计法规和专业技术的要求,无涂改现象、凭证装订规范。

(3) 账簿的设置与运用符合专业要求,账簿记录符合规范,账面比较整洁。

(4) 报表的编制符合原则与专业规范、相关项目之间的钩稽关系正确。

(5) 实验操作过程与程序执行正确,实验结论正确。

(6) 实验验收答疑、回答问题基本正确。

(7) 实验报告格式规范、实验目的明确、实验原理应用与操作步骤正确、实验内容熟悉、实验体会能基本反映实验项目的专业特点与要求。

(8) 无迟到、早退或缺勤情况。

3. 中等(C)

(1) 实验项目中各项经济业务的会计技术处理过程和方法基本符合《中华人民共和国会计法》《企业会计准则》和《企业产品成本核算制度(试行)》的要求。

(2) 会计凭证的填制符合相关财经、会计法规和专业技术的要求,基本无涂改现象、凭证装订规范。

(3) 账簿的设置与运用基本符合专业要求,账簿记录基本符合规范,账面比较整洁。

(4) 报表的编制基本符合原则与专业规范、相关项目之间的钩稽关系正确。

(5) 实验操作过程与程序执行、实验结论基本正确。

(6) 实验验收答疑、回答问题无明显错误。

(7) 实验报告基本格式规范、实验目的明确、实验原理应用与操作步骤基本正确、实验内容了解、有一定的实验体会。

(8) 迟到或早退现象累计不超过1次,无缺勤情况。

4. 及格(D)

(1) 实验项目中各项经济业务的会计技术处理过程和方法基本符合《中华人民共和国会计法》《企业会计准则》和《企业产品成本核算制度(试行)》的要求。

(2) 会计凭证的填制基本符合相关财经、会计法规和专业技术的要求,基本无涂改现象、凭证装订较规范。

(3) 账簿的设置与运用基本符合专业要求,账簿记录基本符合规范,账面尚整洁。

(4) 报表的编制基本符合原则与专业规范、相关项目之间的钩稽关系基本正确。

(5) 实验操作过程与程序执行、实验结论基本无错误。

(6) 实验验收答疑、回答问题无原则性错误。

(7) 实验报告基本格式规范、实验目的明确、实验原理应用与操作步骤较正确、实验内容了解、有一定的实验体会。

(8) 迟到、早退或缺勤现象累计不超过2次。

5. 不及格(E)

(1) 实验项目中各项经济业务的会计技术处理过程和方法不符合《中华人民共和国会计法》《企业会计准则》和《企业产品成本核算制度(试行)》的要求。

(2) 会计凭证的填制不符合相关财经、会计法规和专业技术的要求,涂改现象严重、凭证装订不规范。

(3) 账簿的设置与运用不符合专业要求,账簿记录不符合规范,账面不整洁。

(4) 报表的编制不符合原则与专业规范、相关项目之间的钩稽关系错误。

(5) 实验操作过程与程序执行混乱、实验结论不正确。

(6) 实验验收答疑、回答问题有错误。

(7) 实验报告基本格式不规范、实验目的不明确、实验原理应用与操作步骤不正确、实验内容数据记录不全、实验体会不能反映专业特征。

(8) 迟到、早退或缺勤现象累计不超过3次。

附录4 实验结果验收记录表

班级：   学　期：

序号	学号	姓名	实验资料完整性	实验资料整洁度	实验结果准确性	实验报告规范性	答疑	备注

实验教师签名：

附录5 实验过程控制记录表

班　级：　　　　　　　　　　　　　　　　　学　期：

序号	学号	姓名	迟到	早退	缺勤	实验独立完成程度	进度检查	备注

实验教师签名：

附录6 实验报告格式及写作要求

一、实验报告格式

实验报告的参考格式如下:

"成本会计学"课程实验报告

学年　　学期

实验项目名称:

班级:　　　　姓名:　　　　　学号:　　　　　　成绩:

一、实验目的
二、实验原理和步骤

三、实验内容及数据记录

四、实验结果

五、实验体会

二、实验报告的写作要求

按每个实验项目撰写一份实验报告。实验报告中应填写课程名称、实验项目名称、班级、姓名、学号。

(一) 实验项目1 成本会计核算基本程序实验

1. 实验目的

掌握企业成本核算工作的基本组织与管理方式、成本核算基本方法、成本核算账户与成本项目的设置与应用;熟悉相关成本核算资料;掌握成本核算的基本操作技术。

2. 实验原理和实验步骤

(1) 实验原理:①复式记账原理。②成本核算的相关规定。③成本核算的处理技术。④原始凭证的审核与填制要求。⑤记账凭证的审核与填制要求。⑥会计账户的设置与使用要求。

(2) 实验步骤:①开设成本核算账户(相关总账及明细账),并过入相关账户的期初余额。②熟悉本期成本核算资料并分析相关经济业务。③根据成本核算规定与技术要求,处理本期经济业务,编制相关记账凭证,采用记账凭证记账程序登记成本核算总账及明细账。④根据成本核算技术要求,采用直接对外分配法分配辅助生产费用,并作出账务处理。⑤根据成本核算技术要求,采用各品种职工薪酬分配标准分配制造费用,并作出账务处理。⑥根据成本核算技术要求,采用在产品与完工产品费用分配方法计算完工与在产品成本,并作出账务处理。

3. 实验内容和实验数据

(1) 实验内容:①实验企业成本核算工作的组织与相关账户的设置。②实验企业成本核算的期初相关资料。③实验期企业的相关成本核算资料。

(2) 实验数据:①依据实验企业相关成本核算资料和成本核算要求完成的各种记账凭证、费用汇总表、费用分配表。②依据实验资料、成本核算规定和技术要求完成的相关成本核算账户及其记录。

4. 实验体会

实验体会应反映学生在成本核算的基本组织工作、核算处理程序、专业处理技术应用等方面的了解与掌握情况;对成本核算的基本业务内容、资料来源及形成过程、成本核算的相关规定及适用情况;对实验方式、实验资料的设计及实验过程中的问题的讨论。

(二) 实验项目2 成本会计核算专项技术实验

1. 实验目的

掌握企业成本核算工作的基本技术、成本费用在相关产品与部门之间的归集与分配方法;掌握成本核算基本方法的使用及不同方法之间的联系;熟悉生产组织方式、特点与产品成本核算程序、技术之间的关系。

2. 实验原理和实验步骤

(1) 实验原理:①复式记账原理。②成本核算的相关规定。③成本核算的处理技术。④相关成本核算资料的应用。⑤不同成本核算技术的应用与特点。⑥成本核算技术之间的联系。

(2) 实验步骤:①分析实验资料与实验项目要求之间的关系。②根据各实验项目要求,设置相关成本核算账户。③根据各实验项目要求,完成相关费用分配表、成本核算账户的计算与登记工作。④根据成本核算的专业要求与企业生产特点,针对不同行业成本核算方法的选用进行分析与评论。

3. 实验内容和实验数据

(1) 实验内容:①"实验项目1 成本会计核算基本程序实验"所形成的成本核算资料。②相关专项实验设定的实验要求。③设定企业的生产组织方式和工艺特点。

(2) 实验数据:①根据各实验项目要求完成的相关费用分配表、产品成本明细账、产品成本还原资料。②根据实验资料对不同行业的成本核算方法的选用进行分析与评论。

4. 实验体会

实验体会应反映学生在成本核算专业处理技术应用方面的了解与掌握情况;反映成本核算专业技术应用的特点及各专业技术之间的关系、不同成本核算技术对成本核算结果的影响;结合企业的生产特点与工艺要求,对成本核算方法选用的分析与评论。

(三) 实验项目3 成本报表编制与分析实验

1. 实验目的

掌握企业成本资料的使用方法、成本报表的种类与编制技术、成本报表之间的钩稽关系;掌握成本报表资料的分析与利用方法。

2. 实验原理及步骤

(1) 实验原理:①报表编制的基本要求。②成本报表编制的相关规定。③成本报表相关项目之间的钩稽关系。④成本分析技术。

(2) 实验步骤:①分析成本报表编制相关资料、明确各资料的特点与使用方法。②根据成本报表编制要求编制各成本报表。③根据成本报表相关指标进行成本分析。

3. 实验内容和实验数据

(1) 实验内容:①成本报表编制中应用的其他相关资料的分析与使用。②根据实验设计要求完成成本报表的编制与成本分析。

(2) 实验数据:①"实验项目1 成本会计核算基本程序实验"所形成的成本核算资料。②成本报表编制的其他相关资料。③根据实验要求完成的成本报表及分析表。

4. 实验体会

实验体会应反映学生对成本报表编制中应用各种资料的理解与运用方法、成本报表的编制技术及不同报表之间的钩稽关系;反映成本报表资料的分析技术与方法;并结合成本分析资料对企业的产品成本核算及成本构成情况进行专业性评论。

附录7 实验思考题

1. 成本会计的特点是什么?
2. 成本会计核算制度包括哪些基本内容?
3. 成本会计核算的基础工作有哪些?
4. 成本会计核算为什么特别强调技术流程?
5. 为什么生产工艺特点与组织方式会对成本核算方法的选择产生影响?
6. 成本核算对象在选择与确定过程中应该考虑哪些因素?
7. 为什么说成本会计核算过程就是相关费用在不同核算对象之间的归集与分配过程?
8. 辅助生产费用分配方法各自的特点是什么?
9. 各种生产费用在完工产品和在产品之间分配方法的适用条件是什么?
10. 不同的费用分配方法对成本信息的影响是什么?
11. 各种成本核算方法在结合运用过程中应注意哪些问题?
12. 成本报表的基本内容与主要作用是什么?
13. 成本信息分析除报表资料外还应考虑哪些内容?
14. 作业成本法核算的特点是什么?
15. 标准成本法实施的基础条件有哪些?
16. 成本核算体系设计应考虑的基本问题有哪些?
17. 成本会计与财务会计的关系是什么?

附录8　企业产品成本核算制度（试行）

第一章　总　　则

第一条　为了加强企业产品成本核算工作，保证产品成本信息真实、完整，促进企业和经济社会的可持续发展，根据《中华人民共和国会计法》、企业会计准则等国家有关规定制定本制度。

第二条　本制度适用于大中型企业，包括制造业、农业、批发零售业、建筑业、房地产业、采矿业、交通运输业、信息传输业、软件及信息技术服务业、文化业以及其他行业的企业。其他未明确规定的行业比照以上类似行业的规定执行。

本制度不适用于金融保险业的企业。

第三条　本制度所称的产品，是指企业日常生产经营活动中持有以备出售的产成品、商品、提供的劳务或服务。

本制度所称的产品成本，是指企业在生产产品过程中所发生的材料费用、职工薪酬等，以及不能直接计入而按一定标准分配计入的各种间接费用。

第四条　企业应当充分利用现代信息技术，编制、执行企业产品成本预算，对执行情况进行分析、考核，落实成本管理责任制，加强对产品生产事前、事中、事后的全过程控制，加强产品成本核算与管理各项基础工作。

第五条　企业应当根据所发生的有关费用能否归属于使产品达到目前场所和状态的原则，正确区分产品成本和期间费用。

第六条　企业应当根据产品生产过程的特点、生产经营组织的类型、产品种类的繁简和成本管理的要求，确定产品成本核算的对象、项目、范围，及时对有关费用进行归集、分配和结转。

企业产品成本核算采用的会计政策和估计一经确定，不得随意变更。

第七条　企业一般应当按月编制产品成本报表，全面反映企业生产成本、成本计划执行情况、产品成本及其变动情况等。

第二章　产品成本核算对象

第八条　企业应当根据生产经营特点和管理要求，确定成本核算对象，归集成本费用，计算产品的生产成本。

第九条　制造企业一般按照产品品种、批次订单或生产步骤等确定产品成本核算对象。

（一）大量大批单步骤生产产品或管理上不要求提供有关生产步骤成本信息的，一般按照产品品种确定成本核算对象。

（二）小批单件生产产品的，一般按照每批或每件产品确定成本核算对象。

（三）多步骤连续加工产品且管理上要求提供有关生产步骤成本信息的，一般按照每种（批）产品及各生产步骤确定成本核算对象。

产品规格繁多的,可以将产品结构、耗用原材料和工艺过程基本相同的产品,适当合并作为成本核算对象。

第十条 农业企业一般按照生物资产的品种、成长期、批别(群别、批次)、与农业生产相关的劳务作业等确定成本核算对象。

第十一条 批发零售企业一般按照商品的品种、批次、订单、类别等确定成本核算对象。

第十二条 建筑企业一般按照订立的单项合同确定成本核算对象。单项合同包括建造多项资产的,企业应当按照企业会计准则规定的合同分立原则,确定建造合同的成本核算对象。为建造一项或数项资产而签订一组合同的,按合同合并的原则,确定建造合同的成本核算对象。

第十三条 房地产企业一般按照开发项目、综合开发期数并兼顾产品类型等确定成本核算对象。

第十四条 采矿企业一般按照所采掘的产品确定成本核算对象。

第十五条 交通运输企业以运输工具从事货物、旅客运输的,一般按照航线、航次、单船(机)、基层站段等确定成本核算对象;从事货物等装卸业务的,可以按照货物、成本责任部门、作业场所等确定成本核算对象;从事仓储、堆存、港务管理业务的,一般按照码头、仓库、堆场、油罐、筒仓、货棚或主要货物的种类、成本责任部门等确定成本核算对象。

第十六条 信息传输企业一般按照基础电信业务、电信增值业务和其他信息传输业务等确定成本核算对象。

第十七条 软件及信息技术服务企业的科研设计与软件开发等人工成本比重较高的,一般按照科研课题、承接的单项合同项目、开发项目、技术服务客户等确定成本核算对象。合同项目规模较大、开发期较长的,可以分段确定成本核算对象。

第十八条 文化企业一般按照制作产品的种类、批次、印次、刊次等确定成本核算对象。

第十九条 除本制度已明确规定的以外,其他行业企业应当比照以上类似行业的企业确定产品成本核算对象。

第二十条 企业应当按照第八条至第十九条规定确定产品成本核算对象,进行产品成本核算。企业内部管理有相关要求的,还可以按照现代企业多维度、多层次的管理需要,确定多元化的产品成本核算对象。

多维度,是指以产品的最小生产步骤或作业为基础,按照企业有关部门的生产流程及其相应的成本管理要求,利用现代信息技术,组合出产品维度、工序维度、车间班组维度、生产设备维度、客户订单维度、变动成本维度和固定成本维度等不同的成本核算对象。

多层次,是指根据企业成本管理需要,划分为企业管理部门、工厂、车间和班组等成本管控层次。

第三章 产品成本核算项目和范围

第二十一条 企业应当根据生产经营特点和管理要求,按照成本的经济用途和生产要素内容相结合的原则或者成本性态等设置成本项目。

第二十二条 制造企业一般设置直接材料、燃料和动力、直接人工和制造费用等成本项目。

直接材料,是指构成产品实体的原材料以及有助于产品形成的主要材料和辅助材料。

燃料和动力,是指直接用于产品生产的燃料和动力。

直接人工，是指直接从事产品生产的工人的职工薪酬。

制造费用，是指企业为生产产品和提供劳务而发生的各项间接费用，包括企业生产部门（如生产车间）发生的水电费、固定资产折旧、无形资产摊销、管理人员的职工薪酬、劳动保护费、国家规定的有关环保费用、季节性和修理期间的停工损失等。

第二十三条 农业企业一般设置直接材料、直接人工、机械作业费、其他直接费用、间接费用等成本项目。

直接材料，是指种植业生产中耗用的自产或外购的种子、种苗、饲料、肥料、农药、燃料和动力、修理用材料和零件、原材料以及其他材料等；养殖业生产中直接用于养殖生产的苗种、饲料、肥料、燃料、动力、畜禽医药费等。

直接人工，是指直接从事农业生产人员的职工薪酬。

机械作业费，是指种植业生产过程中农用机械进行耕耙、播种、施肥、除草、喷药、收割、脱粒等机械作业所发生的费用。

其他直接费用，是指除直接材料、直接人工和机械作业费以外的畜力作业费等直接费用。

间接费用，是指应摊销、分配计入成本核算对象的运输费、灌溉费、固定资产折旧、租赁费、保养费等费用。

第二十四条 批发零售企业一般设置进货成本、相关税费、采购费等成本项目。

进货成本，是指商品的采购价款。

相关税费，是指购买商品发生的进口关税、资源税和不能抵扣的增值税等。

采购费，是指运杂费、装卸费、保险费、仓储费、整理费、合理损耗以及其他可归属于商品采购成本的费用。采购费金额较小的，可以在发生时直接计入当期销售费用。

第二十五条 建筑企业一般设置直接人工、直接材料、机械使用费、其他直接费用和间接费用等成本项目。建筑企业将部分工程分包的，还可以设置分包成本项目。

直接人工，是指按照国家规定支付给施工过程中直接从事建筑安装工程施工的工人以及在施工现场直接为工程制作构件和运料、配料等工人的职工薪酬。

直接材料，是指在施工过程中所耗用的、构成工程实体的材料、结构件、机械配件和有助于工程形成的其他材料以及周转材料的租赁费和摊销等。

机械使用费，是指施工过程中使用自有施工机械所发生的机械使用费，使用外单位施工机械的租赁费，以及按照规定支付的施工机械进出场费等。

其他直接费用，是指施工过程中发生的材料搬运费、材料装卸保管费、燃料动力费、临时设施摊销、生产工具用具使用费、检验试验费、工程定位复测费、工程点交费、场地清理费，以及能够单独区分和可靠计量的为订立建造承包合同而发生的差旅费、投标费等费用。

间接费用，是指企业各施工单位为组织和管理工程施工所发生的费用。

分包成本，是指按照国家规定开展分包，支付给分包单位的工程价款。

第二十六条 房地产企业一般设置土地征用及拆迁补偿费、前期工程费、建筑安装工程费、基础设施建设费、公共配套设施费、开发间接费、借款费用等成本项目。

土地征用及拆迁补偿费，是指为取得土地开发使用权（或开发权）而发生的各项费用，包括土地买价或出让金、大市政配套费、契税、耕地占用税、土地使用费、土地闲置费、农作物补偿费、危房补偿费、土地变更用途和超面积补交的地价及相关税费、拆迁补偿费用、安置及动迁费用、回迁房建造费用等。

前期工程费,是指项目开发前期发生的政府许可规费、招标代理费、临时设施费以及水文地质勘察、测绘、规划、设计、可行性研究、咨询论证费、筹建、场地通平等前期费用。

建筑安装工程费,是指开发项目开发过程中发生的各项主体建筑的建筑工程费、安装工程费及精装修费等。

基础设施建设费,是指开发项目在开发过程中发生的道路、供水、供电、供气、供暖、排污、排洪、消防、通讯、照明、有线电视、宽带网络、智能化等社区管网工程费和环境卫生、园林绿化等园林、景观环境工程费用等。

公共配套设施费,是指开发项目内发生的、独立的、非营利性的且产权属于全体业主的,或无偿赠与地方政府、政府公共事业单位的公共配套设施费用等。

开发间接费,指企业为直接组织和管理开发项目所发生的,且不能将其直接归属于成本核算对象的工程监理费、造价审核费、结算审核费、工程保险费等。为业主代扣代缴的公共维修基金等不得计入产品成本。

借款费用,是指符合资本化条件的借款费用。

房地产企业自行进行基础设施、建筑安装等工程建设的,可以比照建筑企业设置有关成本项目。

第二十七条 采矿企业一般设置直接材料、燃料和动力、直接人工、间接费用等成本项目。

直接材料,是指采掘生产过程中直接耗用的添加剂、催化剂、引发剂、助剂、触媒以及净化材料、包装物等。

燃料和动力,是指采掘生产过程中直接耗用的各种固体、液体、气体燃料,以及水、电、汽、风、氮气、氧气等动力。

直接人工,是指直接从事采矿生产人员的职工薪酬。

间接费用,是指为组织和管理厂(矿)采掘生产所发生的职工薪酬、劳动保护费、固定资产折旧、无形资产摊销、保险费、办公费、环保费用、化(检)验计量费、设计制图费、停工损失、洗车费、转输费、科研试验费、信息系统维护费等。

第二十八条 交通运输企业一般设置营运费用、运输工具固定费用与非营运期间的费用等成本项目。

营运费用,是指企业在货物或旅客运输、装卸、堆存过程中发生的营运费用,包括货物费、港口费、起降及停机费、中转费、过桥过路费、燃料和动力、航次租船费、安全救生费、护航费、装卸整理费、堆存费等。铁路运输企业的营运费用还包括线路等相关设施的维护费等。

运输工具固定费用,是指运输工具的固定费用和共同费用等,包括检验检疫费、车船使用税、劳动保护费、固定资产折旧、租赁费、备件配件、保险费、驾驶及相关操作人员薪酬及其伙食费等。

非营运期间费用,是指受不可抗力制约或行业惯例等原因暂停营运期间发生的有关费用等。

第二十九条 信息传输企业一般设置直接人工、固定资产折旧、无形资产摊销、低值易耗品摊销、业务费、电路及网元租赁费等成本项目。

直接人工,是指直接从事信息传输服务的人员的职工薪酬。

业务费,是指支付通信生产的各种业务费用,包括频率占用费,卫星测控费,安全保卫费,码号资源费,设备耗用的外购电力费,自有电源设备耗用的燃料和润料费等。

电路及网元租赁费,是指支付给其他信息传输企业的电路及网元等传输系统及设备的租赁费等。

第三十条 软件及信息技术服务企业一般设置直接人工、外购软件与服务费、场地租赁费、固定资产折旧、无形资产摊销、差旅费、培训费、转包成本、水电费、办公费等成本项目。

直接人工,是指直接从事软件及信息技术服务的人员的职工薪酬。

外购软件与服务费,是指企业为开发特定项目而必须从外部购进的辅助软件或服务所发生的费用。

场地租赁费,是指企业为开发软件或提供信息技术服务租赁场地支付的费用等。

转包成本,是指企业将有关项目部分分包给其他单位支付的费用。

第三十一条 文化企业一般设置开发成本和制作成本等成本项目。

开发成本,是指从选题策划开始到正式生产制作所经历的一系列过程,包括信息收集、策划、市场调研、选题论证、立项等阶段所发生的信息搜集费、调研交通费、通信费、组稿费、专题会议费、参与开发的职工薪酬等。

制作成本,是指产品内容制作成本和物质形态的制作成本,包括稿费、审稿费、校对费、录入费、编辑加工费、直接材料费、印刷费、固定资产折旧、参与制作的职工薪酬等。电影企业的制作成本,是指企业在影片制片、译制、洗印等生产过程所发生的各项费用,包括剧本费、演职员的薪酬、胶片及磁片磁带费、化妆费、道具费、布景费、场租费、剪接费、洗印费等。

第三十二条 除本制度已明确规定的以外,其他行业企业应当比照以上类似行业的企业确定成本项目。

第三十三条 企业应当按照第二十一条至第三十二条规定确定产品成本核算项目,进行产品成本核算。企业内部管理有相关要求的,还可以按照现代企业多维度、多层次的成本管理要求,利用现代信息技术对有关成本项目进行组合,输出有关成本信息。

第四章 产品成本归集、分配和结转

第三十四条 企业所发生的费用,能确定由某一成本核算对象负担的,应当按照所对应的产品成本项目类别,直接计入产品成本核算对象的生产成本;由几个成本核算对象共同负担的,应当选择合理的分配标准分配计入。

企业应当根据生产经营特点,以正常生产能力水平为基础,按照资源耗费方式确定合理的分配标准。

企业应当按照权责发生制的原则,根据产品的生产特点和管理要求结转成本。

第三十五条 制造企业发生的直接材料和直接人工,能够直接计入成本核算对象的,应当直接计入成本核算对象的生产成本,否则应当按照合理的分配标准分配计入。

制造企业外购燃料和动力的,应当根据实际耗用数量或者合理的分配标准对燃料和动力费用进行归集分配。生产部门直接用于生产的燃料和动力,直接计入生产成本;生产部门间接用于生产(如照明、取暖)的燃料和动力,计入制造费用。制造企业内部自行提供燃料和动力的,参照本条第三款进行处理。

制造企业辅助生产部门为生产部门提供劳务和产品而发生的费用,应当参照生产成本项目归集,并按照合理的分配标准分配计入各成本核算对象的生产成本。辅助生产部门之间互相提供的劳务、作业成本,应当采用合理的方法,进行交互分配。互相提供劳务、作业不多的,可以不进行交互分配,直接分配给辅助生产部门以外的受益单位。

第三十六条　制造企业发生的制造费用,应当按照合理的分配标准按月分配计入各成本核算对象的生产成本。企业可以采取的分配标准包括机器工时、人工工时、计划分配率等。

季节性生产企业在停工期间发生的制造费用,应当在开工期间进行合理分摊,连同开工期间发生的制造费用,一并计入产品的生产成本。

制造企业可以根据自身经营管理特点和条件,利用现代信息技术,采用作业成本法对不能直接归属于成本核算对象的成本进行归集和分配。

第三十七条　制造企业应当根据生产经营特点和联产品、副产品的工艺要求,选择系数分配法、实物量分配法、相对销售价格分配法等合理的方法分配联合生产成本。

第三十八条　制造企业发出的材料成本,可以根据实物流转方式、管理要求、实物性质等实际情况,采用先进先出法、加权平均法、个别计价法等方法计算。

第三十九条　制造企业应当根据产品的生产特点和管理要求,按成本计算期结转成本。制造企业可以选择原材料消耗量、约当产量法、定额比例法、原材料扣除法、完工百分比法等方法,恰当地确定完工产品和在产品的实际成本,并将完工入库产品的产品成本结转至库存产品科目;在产品数量、金额不重要或在产品期初期末数量变动不大的,可以不计算在产品成本。

制造企业产成品和在产品的成本核算,除季节性生产企业等以外,应当以月为成本计算期。

第四十条　农业企业应当比照制造企业对产品成本进行归集、分配和结转。

第四十一条　批发零售企业发生的进货成本、相关税金直接计入成本核算对象成本;发生的采购费,可以结合经营管理特点,按照合理的方法分配计入成本核算对象成本。采购费金额较小的,可以在发生时直接计入当期销售费用。

批发零售企业可以根据实物流转方式、管理要求、实物性质等实际情况,采用先进先出法、加权平均法、个别计价法、毛利率法等方法结转产品成本。

第四十二条　建筑企业发生的有关费用,由某一成本核算对象负担的,应当直接计入成本核算对象成本;由几个成本核算对象共同负担的,应当选择直接费用比例、定额比例和职工薪酬比例等合理的分配标准,分配计入成本核算对象成本。

建筑企业应当按照《企业会计准则第 15 号——建造合同》的规定结转产品成本。合同结果能够可靠估计的,应当采用完工百分比法确定和结转当期提供服务的成本;合同结果不能可靠估计的,应当直接结转已经发生的成本。

第四十三条　房地产企业发生的有关费用,由某一成本核算对象负担的,应当直接计入成本核算对象成本;由几个成本核算对象共同负担的,应当选择占地面积比例、预算造价比例、建筑面积比例等合理的分配标准,分配计入成本核算对象成本。

第四十四条　采矿企业应当比照制造企业对产品成本进行归集、分配和结转。

第四十五条　交通运输企业发生的营运费用,应当按照成本核算对象归集。

交通运输企业发生的运输工具固定费用,能确定由某一成本核算对象负担的,应当直接计入成本核算对象的成本;由多个成本核算对象共同负担的,应当选择营运时间等符合经营特点的、科学合理的分配标准分配计入各成本核算对象的成本。

交通运输企业发生的非营运期间费用,比照制造业季节性生产企业处理。

第四十六条　信息传输、软件及信息技术服务等企业,可以根据经营特点和条件,利用现代信息技术,采用作业成本法等对产品成本进行归集和分配。

第四十七条 文化企业发生的有关成本项目费用,由某一成本核算对象负担的,应当直接计入成本核算对象成本;由几个成本核算对象共同负担的,应当选择人员比例、工时比例、材料耗用比例等合理的分配标准分配计入成本核算对象成本。

第四十八条 企业不得以计划成本、标准成本、定额成本等代替实际成本。企业采用计划成本、标准成本、定额成本等类似成本进行直接材料日常核算的,期末应当将耗用直接材料的计划成本或定额成本等类似成本调整为实际成本。

第四十九条 除本制度已明确规定的以外,其他行业企业应当比照以上类似行业的企业对产品成本进行归集、分配和结转。

第五十条 企业应当按照第三十四条至第四十九条规定对产品成本进行归集、分配和结转。企业内部管理有相关要求的,还可以利用现代信息技术,在确定多维度、多层次成本核算对象的基础上,对有关费用进行归集、分配和结转。

第五章 附 则

第五十一条 小企业参照执行本制度。

第五十二条 本制度自 2014 年 1 月 1 日起施行。

第五十三条 执行本制度的企业不再执行《国营工业企业成本核算办法》。